라디오 명작 드라마로 배우는 일본어

라디오 명작 드라마로 배우는 일본어

천호재

듣기·읽기·말하기·쓰기 연습 교재

17:05:25   17:09:25

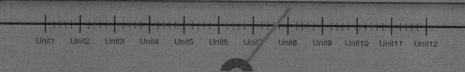

Unit1   Unit2   Unit3   Unit4   Unit5   Unit6   Unit7   Unit8   Unit9   Unit10   Unit11   Unit12

역락

　　　　　　　　본서는 일본어 독해 능력 향상을 위해 만들어진 교재입니다. 대학교에서 일본어를 전공하는 학생들을 대상으로 만들어진 교재입니다만, 전공자가 아니라도 일정 수준의 일본어 능력을 가진 독자라면 누구라도 본 교재를 독해할 수 있도록 만들었습니다.

　　　　　　본서가 일본어 독해 능력 향상을 위해 만들어진 교재라고는 하지만, 여러 면에서 본서는 일반 시중에 나와 있는 일본어 독해 교재와는 차별됩니다. 일본어로 작성된 글을 독자들이 단지 독해하는 것이 아니라 원문에 나타나는 의미를 독자들이 이해할 수 있도록 다음과 같은 다양한 구성을 시도했습니다. 따라서 본서를 통해 독해 능력뿐만 아니라 그 밖의 여러 능력도 향상될 것으로 기대됩니다.

⊙ 아래의 문장을 들으면서 모르는(혹은 아는) 단어를 체크해 봅시다.

○ 본문에 나오는 문화어를 인터넷에서 검색합시다.
○ 포즈 표시에 유의하면서 본문을 읽고 번역합시다.

1. 줄거리를 파악합시다.

2. 아래의 단어(연어)에 해당하는 히라가나와 그 뜻을 써 봅시다.

3. 본문에 나오는 문법을 이해합시다.

4. 본문 내용에 관련된 일본어 질문에 일본어로 대답합시다.

5. 어법에 맞춰 단어(어구)를 정확하게 재배열한 뒤 번역을 하세요.

6. 빈칸 안에 문장 순서를 표시하는 번호를 붙여 봅시다.

7. 빈칸에 문단 순서를 표시하는 번호를 붙여 봅시다.

8. 일본어로 토론을 하고, 독후감을 적어 봅시다.

먼저 **"아래의 문장을 들으면서 모르는(혹은 아는) 단어를 체크해 봅시다."**에서는 독자들이 유튜브를 통해서 각과에 제시된 본문을 들으면서 모르는 단어를, 혹은 아는 단어를 체크하도록 하였습니다. 이때, 독자들은 뜻을 완벽하게 되새겨 보려고 애쓰지 말고, 편안한 마음으로 아는 단어 혹은 모르는 단어를 체크하면 됩니다. 독자들의 학습에 도움을 주고자 의도적으로 한국어 의미를 병기하지 않은 점을 독자분들께서는 부디 양해하시기 바랍니다.

"본문에 나오는 문화어를 인터넷에서 검색합시다." 코너는 독자들이 본문에 나오는 문화어를 인터넷 공간(그림, 동영상, 문서, 카페, 블로그, 홈페이지)을 통해 작품 그 자체나 작품에 나오는 문화어가 실제의 일본사회(서구사회)에서 어떻게 수용되고 있는지를 파악하도록 하기 위해 마련한 것입니다.

"포즈 표시에 유의하면서 본문을 읽고 번역합시다."는 말 그대로 포즈 표시에 유의하면서 본문을 읽고 번역을 하는 것입니다. 바로 본문을 읽고 번역을 하지 마시고 유튜브를 통해서 원문을 반복적으로 청취하고 성우들의 말투를 가급적 흉내내면서 본문 읽기와 번역을 권장합니다. 구체적으로 말하면 일본어 발음은 물론 정확해야 하지만, 성우들의 음성 연기에서 드러나는 악센트, 프로미넌스(문장 특정한 부분에 초점을 가하여 발음하는 것), 억양(인토네이션), 포즈(숨을 쉬는 것) 등을 흉내내면서 읽는 것도 중요합니다. 필자는 각과에서 제시한 원문에 '/'(포즈 표시)를 해 두었는데 이 표시를 보면서 끊어 읽는 습관을 길러 보십시오. 번역은 자신을 위한 번역과 타인을 위한 번역이 있는데, 타인을 위한 번역은 자연스럽고 평이한 한국어로 번역을 하면 될 것입니다. 전문 번역가처럼 번역에 심취해서 시간을 허비할 필요는 없겠죠.

"1. 줄거리를 파악합시다."는 독자들이 한국어를 통해 원문의 의미를 대략 이해함으로써 원문 독해에 대한 부담을 가급적 덜고 편안한 마음으로 독해 활동에 들어가도록 하기 위해 마련된 것입니다.

"2. 아래의 단어(연어)에 해당하는 히라가나와 그 뜻을 써 봅시다."는 원문에 나오는 단어나 연어(連語, collocation)의 의미를 독자들이 직접 사전을 찾아가면서 파악하도록 하기 위해 마련된 코너입니다.

"3. 본문에 나오는 문법을 이해합시다."는 본문에 나오는 문장에서 특정한 문법 지식을 독자 스스로 찾도록 하기 위해 마련된 코너입니다. 비유하자면 문법은 어휘(단어의 집합)를 담는 그릇이라고 할 수 있습니다. 독자들의 자기주도학습을 통해서 자신의 뇌 속에 일본어 문법 체계를 견고하게 다져둘

필요가 있기 때문에 이 역시 단어와 연어처럼 한국어 의미를 병기하지 않은 점을 양해 부탁드립니다.

　"4. 본문 내용에 관련된 일본어 질문에 일본어로 대답합시다."는 본문 내용을 독자들이 어느 정도 이해하였는지를 묻고 대답하기 위해 마련된 코너입니다. 수업에서는 교수자가, 조별 활동이나 그룹 활동의 경우에는 다른 동료가 묻고 상대방이 대답하도록 합니다. 그리고 독학의 경우는 자신이 묻고 자신이 대답하면 됩니다. 다른 사람이 일본어로 묻고 본인이 일본어로 대답을 하면 회화 연습이나 청취 연습이 될 것이며, 자신이 질문을 읽고, 그 질문에 대해 글을 쓰면 작문 연습이 될 것입니다.

　"5. 어법에 맞춰 단어(어구)를 정확하게 재배열한 뒤 번역을 하세요." 코너에서는 본문에 나오는 일정 길이의 문장 순서를 필자가 의도적으로 흩트려 놓은 것을, 독자들이 어법, 문법에 맞춰 원래대로 재배열하도록 했습니다. 독자들의 통사적 지식이 향상되게 하고자 마련한 코너입니다.

　"6. 빈칸 안에 문장 순서를 표시하는 번호를 붙여 봅시다." 코너에서는 독자들이 한 단락을 구성하는 각 문장을 원래 제시된 순서로 배열하는 연습을 할 수 있도록 하였습니다. 충실히 연습해 나가다 보면, 독자 여러분들은 어느새 각 문장의 의미관계를 정확하게 이해하는 자신을 발견하게 될 것입니다.

　"7. 빈칸에 문단 순서를 표시하는 번호를 붙여 봅시다." 코너에서는 본문을 구성하는 단락, 즉 문단을 원래 본문에 제시된 순서로 배열하는 연습을 할 수 있도록 하였습니다. 즉 독자들이 본문 내용의 대의를 파악하기 위한 능력을 최대화하기 위해 마련한 코너입니다.

　　마지막으로 "8. 일본어로 토론을 하고, 독후감을 적어 봅시다." 코너에서는 독자들이 하나의 주제를 두고 일정 시간 일본어로 토론을 하도록 했습니다. 독자들의 일본어 구사 능력(회화 및 작문 능력)의 실질적인 향상이 기대됩니다.

　　본서에서 제시한 독해 자료는 모두 일본의 기쿠도라(きくドラ, 聞くドラマ 약자임)의 대표자이신 '긴파라 다카후미金原隆史' 씨로부터 직접 승인을 받은 것임을 밝힙니다. 사이트명은 きくドラ | ~ラジオドラマで聴く名作文学이며 사이트 주소는 kikudorabungak.main.jp입니다. 지면을 빌려 '긴파라 다카후미金原隆史' 씨에게 심심한 감사의 뜻을 전하는 바입니다. 본서의 독해 자료는 이곳 사이트에 있는 성우들의 목소리를 직접 녹취한 것입니다. 오탈자가 있다면 꼭 연락을 주십시오. 유튜브나 위의 사이트에 들어가시면 직접 혹은 다운로드를 해서 성우들의 목소리를 들으실 수 있습니다. 가능하시다면 트위터 등 SNS를 통해서 전세계의 기쿠도라 팬(팔로워)들과 일본어로 혹은 영어로 소통하시길 진심으로 기원하는 바입니다.

　　본 교재는 필자가 지난 17년간 여러 시행착오를 거치면서 탄생한 것입니다. 본 교재를 활용하시면 누구라도 재미있게 능률적으로 독해능력을 비롯한 그 밖의 다양한 능력을 배양하실 수 있으리라 확신합니다.

이러한 본서의 가치가 세상에 드러날 수 있었던 것은 전적으로 도서출판 역락의 이대현 사장님과 박태훈 이사님의 필자에 대한 신뢰가 있었기 때문입니다. 그리고 원고의 정리에서 편집에 이르기까지 큰 수고를 아끼지 않으신 권분옥 편집장님, 책 디자인 작업을 정성껏 해 주신 홍성권 대리님, 마지막으로 본문을 검토해 주신 야하라 마사히로矢原正博 선생님께 진심으로 감사를 드립니다.

2017.06

천호재

차례

Unit 1

松山鏡

昔話
きくドラ 脚色

昔、越後に / 松山村という、鏡というものを / 全く知らない村が / あったそうです。そこに / 庄助という / 大変親孝行な男がいて、18年前に亡くなった父親のお墓参りを / 毎日毎日 / 欠かしたことがなかったそうです。

その評判が / 殿さまの耳に入り、「感心な者である。呼び出して / 褒美をとらせよう。」「汝の孝行に / 殿が大変喜んでおられ、褒美をくださるそうじゃ。なんなりと / 望みのものを申してみよ。」「へえ、ありがとうございます。私には / これといって/ほしいものとてありませんが、一つだけかなえてほしい願いがあります。しかし、こればっかりは / いかにお殿様でも / できぬそうだんでございますから…。」

「何を言う? 殿の力でできぬことなどはない。必ず望みをかなえてつかわすから、申してみよ。」「あ、そうでございますか。それじゃ申しますが、死んだ親父を生き返らせてください。」これには家来も慌てました。しかし / 大きな口をきいた手前、いまさらそればっかりはできぬ / とは言えません。そこで家来たちは集まって / 知恵をしぼったあげく、一計を / 案じたのであります。「こーれ、庄助。お前の父親はいくつで亡くなった?」「はーい、45でした。」「そうか。して / お前は今 / いくつじゃ。」「は、はい。43になります。」「ところで / お前は父親似か。どうじゃ?」「はい、親父そっくりだと / みんなに言われます。」

「そうか、そうか。それならば、おーい、あれを持ってまいれ。」つづらの中には / 1枚の / 大きな鏡が / 収められていたのです。「この中に / お前の親父がちゃんと / 生き返っておるぞ。ただし、このつづらは / 誰にも見つからないところに隠しておけ。蓋をあけるときは、周りに誰もいないのを見計らってから、開けるのじゃぞ。必ず父親がそこにいるからな。」そうとは知らない庄助。大急ぎで家に帰り、誰にも見つからないようにと / 2階の押し入れにつづらをしまいこんで / そっと蓋をとって / 中をのぞきました。

　　すると、薄暗いつづらの底に、まぎれもなく / 18年前に亡くなった、父親 / そっくりの顔があります。「あ、お父つあん。おなつかしゅうございます。こんなところにいらしゃったんですか。少し / 若くなられたようですが、まあ、元気そうで何よりです。」自分の姿が映っているとも知らず、/ 庄助は / 懸命に / 鏡に語りかけていました。

　　それからというもの、庄助は / 誰もいない時を見計らって / 2階に上がっては / 鏡に語りかけていました。ところが / そのうちに / 庄助の女房が怪しみ出して、「近頃、うちの人、どうも様子がおかしいの。あたしが帰ると、そそくさと2階から降りてきて、何か隠しているようだし。」女房は / 一体何があるのか、一つのぞいてみようと / 2階に上がって、庄助が隠していた / 押し入れのつづらの蓋を / あけたのです。

「まあ、どうも様子がおかしいと思ってたら / あの人 / こんなところに女をかくまってたのね。はあ、私という歴とした女房がありながら、しかもまあ / よりによってこんな醜い女をかくまって、はあ、どうしてやろうかしら…。」鏡に映った自分の顔を何度も見直しては / 妾と勘違いして / 烈火のごとく怒る女房。どうやって取っちめてやろうか / 今か / 今かと / 亭主の帰りを待っていました。

　そうとは知らぬ庄助。家に帰ってくるやいなや、「あんた、2階のつづらに / 一体誰を隠しているんだい?」「ありゃ、見つかってしまったか。あれはな、お城で / お殿様からご褒美にもらった / つづらなんじゃ。中に / お父つあんが入っているんじゃ。」「フーン、何を寝ぼけたことを言っているの? つづらの中に女をかくまってるじゃないの?」「何を言うのじゃ? 中にはお父っちゃんが入っているんじゃ。」「いいえ、女が入っています。」「親父じゃ。」「いえ、女じゃ。」「男。」「女。」「男。」「女。」「男。」「いやーエィ。」「何、しやがる。」「そっちこそ。」「いいかげんに。」「浮気しやがって…。」「いたいたいたいたい。」お互いに一歩も譲らず / とうとうつかみ合いの喧嘩になったところに、たまたま / お寺のおしょうさんが通りかかって、「まあ、まあ、 / 二人とも落ち着きなさい。そもそも / 夫婦喧嘩の理由は何々じゃ。フーン、何? 押し入れのつづらに / 女を隠している?いや、お父っちゃんがいる? フーン、ウーン。そうかそうか。それなら / わしがどちらの言葉が本当か / 確かめて

やろう。つづらは2階じゃな。ウーン。どれどれ?ウン? 何じゃ。二人とも見
てみ。中の人は / めんもくないと思うたのか、頭を丸めておるわい。」

〈終り〉

◉ 본문에 나오는 문화어를 인터넷에서 검색합시다.

越後、松山村、お墓参り、殿さま、褒美、家来、押し入れ、
つづら、寺お、しょうさん

◉ 포즈 표시에 유의하면서 본문을 읽고 번역합시다.

줄거리를 파악합시다.

옛날옛날에 거울을 모르는 마을이 있었다. 그 마을에는 쇼스케라는 사람이 살았는데 18년 전에 돌아가신 아버지 무덤을 매일 성묘를 갔다. 그 소문이 영주님 귀에까지 들어갔는데, 이를 기특하게 여긴 영주님은 쇼스케에게 원하는 선물을 주겠다고 한다. 쇼스케는 처음엔 선물이 필요 없다고 했지만, 성화에 못 이겨 아버지를 살려 보내달라고 한다. 이에 당황한 영주님의 부하들은 궁리 끝에 거울을 준다. 거울을 보면 아버지의 모습이 보일 거라는 말을 남기며 떠나간다.

아래의 단어(연어)에 해당하는 히라가나와 그 뜻을 써 봅시다.

단어	히라가나	뜻
松山		
越後		
墓参り		
評判		
感心		
褒美		
家来		
生き返る		
手前		
一計		
父親似		
隠す		
大急ぎ		
押し入れ		
懸命だ		
女房		
様子		
映る		
妾		
烈火		
亭主		
浮気		
譲る		
通りかかる		

단어

단어	히라가나	뜻
確かめる		
鏡昔		
親孝行		
欠かす		
殿様		
呼び出す		
汝		
親父		
慌てる		
知恵		
案じる		
収める		
蓋		
見計らう		
薄暗い		
語りかける		
近頃		
一体		
見直す		
勘違い		
怒る		
寝ぼける		
一歩		
喧嘩		
夫婦喧嘩		
丸める		

연어	히라가나	뜻
お墓参りを欠かさない		
感心な者		
褒美をとる		
望みをかなえる		
親父を生き返らせる		
大きな口をきく		
知恵をしぼる		
一計を案じる		
鏡が収められる		
蓋をあける		
つづらをしまいこむ		
中をのぞく		
自分の姿が映る		
2階に上がる		
様子がおかしい		
2階から降りる		
歴とした女房		
醜い女		
自分の顔を見直す		
寝ぼけたことを言う		
頭を丸める		

(연어 label in left margin)

본문에 나오는 문법을 이해합시다.

❶ お墓参りを毎日毎日欠かしたことがなかったそうです。

구조

번역

❷ 殿の力でできぬことなどはない。

구조

번역

❸ こればっかりはいかにお殿様でもできぬそうだんでございますから…。

구조

번역

❹ 必ず望みをかなえてつかわすから、申してみよ。

구조

번역

❺ 知恵をしぼったあげく、一計を案じたのであります。

구조

번역

❻ つづらの中には1枚の大きな鏡が収められていたのです。

구조

번역

❼ 周りに誰もいないのを見計らってから、開けるのじゃぞ。

구조

번역

❽ 大急ぎで家に帰り、誰にも見つからないようと2階の押し入れに

구조

번역

❾ お父つぁん。おなつかしゅうございます。

구조

번역

❿ こんなところにいらしゃったんですか。

구조

번역

⓫ 少し若くなられたようですが、まあ、元気そうで何よりです。

구조

번역

⓬ それからというもの、庄助は誰もいない時を見計らって

구조

번역

⓭ そそくさと2階から降りてきて、何か隠しているようだし。

구조

번역

⓮ 妾と勘違いして、烈火のごとく怒る女房。

구조

번역

본문 내용에 관련된 일본어 질문에 일본어로 대답합시다.

❶ 松山村では何を知らなかったのですか。

....

❷ 主人公の名前は何ですか。

....

❸ 主人公はどんな人でしたか。

....

❹ 主人公の父親は何年前に、何歳で亡くなりましたか。

....

❺ 主人公は父親が亡くなってから毎日何をしましたか。

....

❻ 主人公は殿さまの家来たちに何を頼みましたか。

....

❼ 主人公は今何歳ですか。

....

❽ 主人公は亡くなった父親の顔に似ていますか。似ていませんか。

....

❾ お殿様に主人公がもらったつづらには何が収められていましたか。

....

❿ 主人公はつづらをどこにしまいましたか。

....

⓫ 主人公は鏡の中の人を誰だと思いましたか。

....

⓬ 主人公の奥さんは鏡の中の人を誰だと思いましたか。

....

⓭ 主人公の奥さんは主人公が何をしたと思いましたか。

....

⓮ この昔話を読んで何を感じましたか。

....

1.5

어법에 맞춰 단어(어구)를 정확하게 재배열한 뒤 번역을 하세요.

❶ 知らない　村が　越後に　あった　鏡というものを　松山村という、そうです。昔、全く

배치

번역

❷ 18年前に　なかった　お墓参りを　欠かしたことが　そこに　そうです。男がいて、父親の　亡くなった　庄助という　毎日　毎日　大変　親孝行な

배치

번역

❸ 集まって　あげく、知恵を　案じたの　家来たちは　であります。一計を　そこで　しぼった

배치

번역

❹ 1枚の　収められて　大きな鏡が　中には　いたのです。つづらの

배치

번역

❺ 家に帰り、しまいこんで　つづらを　見つからないようにと　蓋をとって　2階の押し入れに　中をのぞきました。誰にも　大急ぎで　そっと

배치

번역

❻ 薄暗いつづらの底に、そっくり　18年前に　すると、亡くなった、父親の顔が　まぎれもなく　あります。

배치

번역

❼ 鏡に　懸命に　映っているとも知らず、語りかけて　自分の姿が　庄助は　いました。

배치

번역

❽ 誰もいない時を　語りかけて　いうもの、2階に　見計らって　上がっては　鏡に　いました。それからと　庄助は

배치

번역

❾ やろうか　亭主の帰りを　取っちめて　今かと　待って　どうやって　今か　いました。

배치

번역

❿ 勘違いして　見直しては　映った　自分の顔を　妾と　ごとく　女房。鏡に　烈火の　怒る　何度も

배치

번역

빈칸 안에 문장 순서를 표시하는 번호를 붙여 봅시다.

❶ しかし大きな口をきいた手前、いまさらそればっかりはできぬとは言えません。

❷ そこで家来たちは集まって知恵をしぼったあげく、一計を案じたのであります。

❸ 「はーい、45でした。」

❹ 「こーれ、庄助。お前の父親はいくつで亡くなった?」

❺ 「は、はい。43になります。」

❻ 「そうか、してお前は今いくつじゃ。」

❼ 「はい、親父そっくりだとみんなに言われます。」

❽ 「ところでお前は父親似か。どうじゃ?」

빈칸에 문단 순서를 표시하는 번호를 붙여 봅시다.

❶ 昔、越後に松山村という、鏡というものを全く知らない村があったそうです。そこに庄助という大変親孝行な男がいて、18年前に亡くなった父親のお墓参りを毎日毎日欠かしたことがなかったそうです。

❷ 「何を言う? 殿の力でできぬことなどはない。必ず望みをかなえてつかわすから、申してみよ。」「あ、そうでございますか。それじゃ申しますが、死んだ親父を生き返らせてください。」これには家来も慌てました。

❸ しかし大きな口をきいた手前、いまさらそればっかりはできぬとは言えません。そこで家来たちは集まって知恵をしぼったあげく、一計を案じたのであります。「こーれ、庄助。お前の父親はいくつで亡くなった?」「はーい、45でした。」「そうか。してお前は今いくつじゃ。」「は、はい。43になります。」「ところでお前は父親似か。どうじゃ?」「はい、親父そっくりだとみんなに言われます。」

❹ その評判が殿さまの耳に入り、「感心な者である。呼び出して褒美をとらせよう。」「汝の孝行に殿が大変喜んでおられ、褒美をくださるそ

うじゃ。なんなりと望みのものを申してみよ。」「へえ、ありがとうございます。私にはこれといってほしいものとてありませんが、一つだけかなえてほしい願いがあります。しかし、こればっかりはいかにお殿様でもできぬそうだんでございますから…。」

1.8

일본어로 토론을 하고, 독후감을 적어 봅시다.

Unit 2

女生徒

1939年

1909年～1948年

太宰治 作

きくドラ 脚色

朝 / 目覚めた時の気分はおもしろい。隠れん坊の時、じっと隠れていて / 友だちのデコちゃんに / 「シズちゃん、見付けた。」って言われた時の / 照れくさくてムカムカするあの感じ。いや、ちょっと違うかも。とにかく / 朝は一番虚無。布団のなか、私はいつも厭世的だ。

「シズ、早く学校の支度をなさい。」お母さんに言われ、寝間着のまま鏡台へ。自分の顔で / 眼鏡が一番嫌い。眼鏡はお化け。顔から生まれるロマンや情緒を / みんなさえぎってしまう。「せっかく目が大きいのに、つまらないわね。」ひどいお母さん。

でも、今朝から5月。なんだか浮き浮きする。昨日縫い上げた、新しい下着を着よう。胸のところにバラの刺繍をしておいた。誰にもわからないけど、ちょっと得意気。「いってらっしゃい。しっかり勉強するのよ。」

電車ではいつも、雑誌を読む。今回の特集は / 若い女の欠点。私の向かいの席には / サラリーマンがいる。「はあ、眠い。」「今日もつらいな!」「ハ、いやいや、みんな目が濁っていて、覇気がない。でも、私がもし / この人たちににっこり笑って見せたら、きっとそれだけで / 「私と / 交際してくれませんか。」「僕と / 結婚しよう。」ズルズル / そんなはめになるかもしれない。女の微笑って恐ろしいわ。気をつけなきゃ。

「皆さん、授業を始めますわよ。」「ねえ、今朝の小杉先生、きれいじゃない?」「でも、ちょっとかっこつけてない?」小杉先生は人気がある。湖畔

のお城に住む / ご令嬢、そんな雰囲気かしら。でも / 頭が悪い。「いいです
か。真の愛国心とは、盲目ではなく / 国が誤まればそれを正し、正義、人道
をなさせることです。日本では / 国を愛する人は多くいますが、/ 憂う人は
少ないと言えます。ハイネは / フランス人は国家を / 愛人のように、ドイツ
人は / 祖母のように、イギリス人は / 妻のように愛す / と言っています。」先
から愛国心のお説教。何わかりきったことを言っているの? 花の美しさを見
付けたのは人間だし、花を愛するのも人間なのに。

　「ねえ、一緒に髪を結いに行きましょうよ。」放課後は、お寺のキン子
さんに付きあう。お金を出して髪を結ってもらうなんて / 初めて。「あら、
素敵よ。ハリウッドみたい。」でも、私はどう見たって / 可愛くない。した
たかにしょげる。「ウフフフ、私、このまま / お見合いに行こうかしら。ね
え、この髪にはどんな花が似合う? お見合いって / どんな帯をして行けば
いいの?」キン子さんって本当、何も考えない可愛らしい人。「誰とお見合
いするつもり?」「えへん、餅屋は餅屋と言いますからね。お寺の娘は / お
寺へ嫁入りするのが / 一番なのよ。」キン子さんは / 女らしさでいっぱい。
私のことを / 親友だってみんなに言っている。ありがたいけど、一日おき
に手紙を寄こすのは / うんざり。

　「お嬢さんたちずいぶん賑やかね。最近の女学生は / こんなところに寄
り道するの。その制服、御茶ノ水かしら?」「あ、すいません。」厚化粧のお

ばさんは / 年寄りのくせに / 髪を流行巻にしている。匂いもきついし、態度
も嫌味。「あのおばさん、首がしわだらけだったね。あ、きたない。きたな
い。」女はいやだ。自分も女だけに、女の不潔さがよくわかる。私も日ごと
に / 雌の体臭を発散させているのかしら?いっそ、少女のままで死にたい。」

　「お帰りなさい。さあ、夕飯を食べて / お風呂に入りなさい。」着物を
脱ぎ、窓をいっぱいに開けて / お湯につかる。空は / まだ日の名残りがあ
って / とってもきれい。この色はバラ? 虹? それとも / 天使の翼? 空を仰
いで / 自分の体を見ないようにする。メキメキと大人になっていく自分が
悲しい。いつまでも / お人形さんみたいな体でいたいのに。

　「さあ、シズ。お散歩に行こうか。」ふと、お父さんのことを思い出す。
「ねえ、シズ。ドイツの諺で / お前100まで、わしゃ99まで / って知ってる
かい?いつまでも仲良く暮らしていきましょうっていう意味さ。」お父さんは
2年前に亡くなった。いつも若かった / やさしいお父さん。病気なのに / よ
く私を散歩に連れて行ってくれた。あ、お父さん、あれから私は / いけない
娘になってしまいました。たくさんの秘密を / もつようになりました。愛し
いお父さん、お母さん、今日の夕焼けは / とてもきれいです。ピンク色の夕
もやは / 私の髪の毛を / 1本1本まで / そっと / やわらかく撫でてくれます。
このお空に / 私は生まれてはじめて / 頭を下げたい気分です。みんなを愛し
たい。涙が出そうなくらいに / 思いました。私はこれからきっと / 美しく /

단어	히라가나	뜻
湖畔		
令嬢		
愛国心		
正す		
人道		
愛人		
妻		
結う		
素敵だ		
お見合い		
似合う		
餅屋		
親友		
制服		
寄り道		
年寄り		
嫌味		
雌		
発散		
お風呂		
名残り		
翼		
諺		
暮らす		
連れる		
撫でる		
夕もや		

연어	히라가나	뜻
朝目覚める		
情緒をさえぎる		
刺繍をする		
しっかり勉強する		
目が濁る		
はめになる		
気をつける		
授業を始める		
かっこつける		
人気がある		
湖畔のお城に住むご令嬢		
憂う人		
花の美しさを見付ける		
髪を結う		
お金を出す		
花が似合う		
帯をする		
手紙を寄こす		
匂いがきつい		
体臭を発散させる		
お風呂に入る		
お湯につかる		
空を仰ぐ		
お父さんのことを思い出す		
仲良く暮らす		
散歩に連れて行く		
秘密をもつ		
髪の毛を撫でる		
頭を下げる		

연어

연어	히라가나	뜻
涙が出る		
美しく生きる		

2.3

본문에 나오는 문법을 이해합시다.

❶ せっかく目が大きいのに、つまらないわね。

> 구조
>
> 번역

❷ 胸のところにバラの刺繍をしておいた。

> 구조
>
> 번역

❸ 私がもしこの人たちににっこり笑って見せたら、きっとそれだけで

> 구조
>
> 번역

❹ ズルズルそんなはめになるかもしれない。

구조

번역

❺ 国が誤まればそれを正し、正義、人道をなさせることです。

구조

번역

❻ 花の美しさを見付けたのは人間だし、花を愛するのも人間なのに。

구조

번역

❼ ねえ、一緒に髪を結いに行きましょうよ。

구조

번역

❽ 涙が出そうなくらいに思いました。

구조

번역

❾ 私はこれからきっと美しく生きていきたいと思います。

구조
번역

2.4

본문 내용에 관련된 일본어 질문에 일본어로 대답합시다.

❶ 主人公は女の人ですか、男の人ですか。

....

❷ 主人公は隠れん坊で友だちに見付けられたときどんな気分でしたか。

....

❸ 主人公は朝、布団の中でどんな気分ですか。

....

❹ 主人公は自分の眼鏡が好きですか、嫌いですか。

....

❺ 主人公は眼鏡をどのように思っていますか。

....

❻ 今朝から何月になりましたか。

....

❼ 主人公は自分の胸のところに何をしておきましたか。

....

❽ 主人公は電車の中ではいつも何を読みますか。

....

❾ 主人公の向かい席に誰が座っていましたか。

....

❿ 学生たちに人気のある先生の名前は何ですか。

....

⓫ その先生はどんな先生ですか。

....

⓬ ハイネはフランス人はどのように国を愛すと言いましたか。

....

⓭ ハイネはドイツ人はどのように国を愛すと言いましたか。

....

⓮ ハイネはイギリス人はどのように国を愛すと言いましたか。

....

⓯ 主人公は放課後、キン子さんと何をしに行きますか。

....

⓰ 主人公のお父さんは何年前に亡くなりましたか。

....

⓱ この作品を読んで何を感じましたか。

....

_____

어법에 맞춰 단어(어구)를 정확하게 재배열한 뒤 번역을 하세요.

❶ そっと やわらかく 撫でて 私の 1本 1本まで 夕もやは 髪 の毛を くれます。ピンク色の

배치

번역

❷ 流行巻に 厚化粧の 髪を 年寄りの おばさんは している。くせに

배치

번역

❸ 愛国心とは、正し、国が誤まれば、正義、それを 盲目ではなく 人 道を ことです。真の なさせる

배치

번역

❹ と言えます。少ない 愛する人は 憂う人は 多く 国を います が、日本では

배치

번역

❺ 覇気が　濁っていて、いやいや、みんな　ない。目が

배치

번역

❻ 顔から　情緒を　さえぎって　ロマンや　みんな　しまう。生まれる

배치

번역

❼ 私が　見せたら、にっこり　もし　それだけで　笑って　この人たちに　「私と交際してくれませんか。」　きっと

배치

번역

❽ 脱ぎ、着物を　お湯に　開けて　いっぱいに　つかる。窓を

배치

번역

❾ 発散させて　日ごとに　体臭を　かしら?　雌の　私も　いるの

배치

번역

❿ 空を　体を　仰いで　自分の　ようにする。見ない

배치

번역

빈칸 안에 문장 순서를 표시하는 번호를 붙여 봅시다.

❶ 「皆さん、授業を始めますわよ。」

❷ 「いいですか。真の愛国心とは、盲目ではなく国が誤まれば、それを正し、正義、人道をなさせることです。

❸ 日本では国を愛する人は多くいますが、憂う人は少ないと言えます。

❹ 湖畔のお城に住むご令嬢、そんな雰囲気かしら。でも頭が悪い。

❺ 「ねえ、今朝の小杉先生、きれいじゃない?」「でも、ちょっとかっこつけてない?」小杉先生は人気がある。

❻ ハイネはフランス人は国家を愛人のように、ドイツ人は祖母のように、イギリス人は妻のように愛すと言っています。」先から愛国心のお説教。

❼ 何わかりきったことを言っているの?

❽ 花の美しさを見付けたのは人間だし、花を愛するのも人間なのに。

❶ 朝目覚めた時の気分はおもしろい。隠れん坊の時、じっと隠れていて友だちのデコちゃんに「シズちゃん、見付けた。」って言われた時の照れくさくてムカムカするあの感じ。いや、ちょっと違うかも。とにかく朝は一番虚無。布団のなか、私はいつも厭世的だ。

❷ 電車ではいつも、雑誌を読む。今回の特集は若い女の欠点。私の向かいの席にはサラリーマンがいる。「はあ、眠い。」「今日もつらいな!」「ハ、いやいや、みんな目が濁っていて、覇気がない。でも、私がもしこの人たちににっこり笑って見せたら、きっとそれだけで「私と交際してくれませんか。」「僕と結婚しよう。」ズルズルそんなはめになるかもしれない。女の微笑って恐ろしいわ。気をつけなきゃ。

❸ 「シズ、早く学校の支度をなさい。」お母さんに言われ、寝間着のまま、鏡台へ。自分の顔で眼鏡が一番嫌い。眼鏡はお化け。顔から生まれるロマンや情緒をみんなさえぎってしまう。「せっかく目が大きいのに、つまらないわね。」ひどいお母さん。

❹ でも、今朝から5月。なんだか浮き浮きする。昨日縫い上げた、新しい下着を着よう。胸のところにバラの刺繍をしておいた。誰にもわからないけど、ちょっと得意気。「いってらっしゃい。しっかり勉強するのよ。」

2.8

일본어로 토론을 하고 독후감을 적어 봅시다.

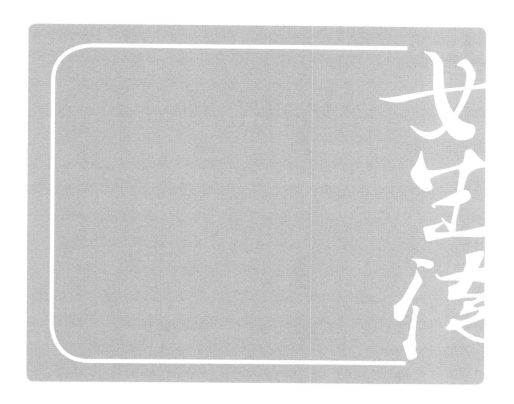

Unit 3

よだかの星

1934年

1896年-1933年

宮沢賢治 作

きくドラ 脚色

　「一体 / 僕はなぜ / みんなに嫌われるんだろう。」よだかは / 実に醜い鳥です。顔はところどころ、味噌をつけたようにまだらで / くちばしは平たく / 耳まで裂けています。足はまるでヨボヨボで / 一間と歩けません。「また出てきたね。あのざまをごらん。本当に / 鳥の仲間のつらよごしだよ。」「まあ、あの口の大きいこと、きっと蛙の親類か何かだよ。」こんな調子です。

　そしてある夕方、一羽のたかが / よだかの家へやってきました。「おい、よだか。お前はずいぶんはじ知らずだな。名前は似ているが、おれとお前とじゃ / 格が違うんだよ。もう / この際、名前を変えてもらおうか。」「たかさん、それはあんまりです。私の名前は / 私が勝手につけたのではありません。神様からもらったものです。」「ちがーう。お前の名前は神様じゃない。おれと夜の両方から借りているんだ。さあ、わかったら今すぐ返せ。さもなきゃ、つかみ殺すぞ。」

　よだかは / 慌てて逃げ出しました。そして / じっと目をつぶって / 考えました。「一体 / 僕はなぜ / みんなに嫌がれるのだろう。僕は今まで / 何も悪いことしたことがないのに…。」よだかは泣きながら / 音もなく空を飛びまわりました。それから/にわかに口を大きく開いて / まるで / 矢のように空を横切りました。すると、そのとき、小さな羽虫が数匹 / 口の中に入りました。よだかがすぐにそれを飲み込むと、何だか / 背中のあたりがぞっと / 感じました。

「あ、毎晩毎晩 / たくさんの羽虫やかぶと虫が / 僕に殺される。そして今度は / 僕が / たかに殺される。それがこんなに切ないんだ。ああ、つらい、つらい。」僕はもう / 飢えて死のう。いや、でもその前に / たかが僕を殺すだろう。なら、僕は / 遠く / 遠く / 空の向こうまで / 行ってしまおう。」

よだかは / 空へ飛びあがりました。冷たい星灯かりの中を、飛びめぐりました。「お星さん、西の青白いお星さん、どうか / 私をあなたのところへ連れて行ってください。私のような醜い体でも / 焼けるときには小さな光を出すでしょう。どうか、私を連れて行ってください。」「馬鹿を言うな。お前なんか / 一体どんなもんだい。たかが / 鳥じゃないか。お前の羽でここまで来るには、億年、兆年、億兆年だ…。」

「北の青いお星さま。お願いです。私をあなたのところへ連れて行ってください。焼けて死んだって / かまいません。」「鳥ごときが / 余計なこと / 考えるものではない。少し / 頭を冷やして来い。氷山の浮かぶ海の中へでも / 飛び込んでくるのだな。」

「東の白いお星さま、どうか、どうか、私をあなたのところへ連れて行ってください。お願いです。」「いやいや、とてもとても話にならん。星になるには / それ相応の身分でなくちゃいかん。」それと / よほど / 金が要るのだぞ。

よだかはもうすっかり力を落とし、羽を閉じそうになりました。です

が、それから / キシキシキシッと高く叫ぶと / にわかにのろしのように飛びあがりました。「もう、僕は / どこまでも、どこまでも、まっすぐに、まっすぐに、空へ登って行こう。」よだかは決意し / ただ空を高く、高く登って行きました。雲の上は寒く、空気が薄くなったために / 羽を忙しなく動かさなければなりませんでした。それなのに / 星の大きさは / さっきと少しも変わっていません。「寒い。息が苦しい。羽が / 重い。体が / チクチクする。」よだかはもう / 自分が落ちているのか / 登っているのか / 逆さになっているのか / わかりませんでした。

　　「僕は / どこまでも / どこまでも / 遠くに / 飛んでいくんだ。醜い / 僕の体なんか / 焼けたって / かまわない。」これが / よだかの最後でした。ですが、その心もちは安らなものでした。血のついた大きなくちばしも / 少し / 笑っているように見えます。

　　それから / しばらく立ってよだかは / ゆっくりと眼を開きました。「ここは、ここは / どこだろう?僕の体は、一体 / どうなったんだろう。」よだかは自分の体を見ました。するとどうでしょう。あのもとの体はすっかり消え伏せ、りんの / 火のような / 青い美しい光になって / 静かに燃えているのでした。

　　「あ、何ということだろう。あ、あそこに見えるのは / カシオペア座だ。天の川も / あんなに近くで輝いている。」よだかの星は/燃え続けまし

빈칸에 문단 순서를 표시하는 번호를 붙여 봅시다.

❶ 「あ、毎晩毎晩たくさんの羽虫やかぶと虫が僕に殺される。そして今度は僕がたかに殺される。それがこんなに切ないんだ。あ、つらい、つらい。」僕はもう飢えて死のう。いや、でもその前にたかが僕を殺すだろう。なら、僕は遠く遠く空の向こうまで行ってしまおう。」

❷ 「一体僕はなぜみんなに嫌われるんだろう。」よだかは実に醜い鳥です。顔はところどころ、味噌をつけたようにまだらでくちばしは平たく耳まで裂けています。足はまるでヨボヨボで一間と歩けません。「また出てきたね。あのざまをごらん。本当に鳥の仲間のつらよごしだよ。」「まあ、あの口の大きいこと、きっと蛙の親類か何かだよ。」こんな調子です。

❸ よだかは慌てて逃げ出しました。そしてじっと目をつぶって考えました。「一体僕はなぜみんなに嫌がれるのだろう。僕は今まで何も悪いことしたことがないのに…。」よだかは泣きながら音もなく空を飛びまわりました。それからにわかに口を大きく開いてまるで矢のように空を横切りました。すると、そのとき、小さな羽虫が数匹口の中に入りました。よだかがすぐにそれを飲み込むと、何だか背中のあたりが

ぞっと感じました。

❹ そしてある夕方、一羽のたかがよだかの家へやってきました。「おい、よだか。お前はずいぶんはじ知らずだな。名前は似ているが、おれとお前とじゃ格が違うんだよ。もうこの際、名前を変えてもらおうか。」「たかさん、それはあんまりです。私の名前は私が勝手につけたのではありません。神様からもらったものです。」「ちがーう。お前の名前は神様じゃない。おれと夜の両方から借りているんだ。さあ、わかったら今すぐ返せ。さもなきゃ、つかみ殺すぞ。」

3.8 일본어로 토론을 하고 독후감을 적어 봅시다.

Unit 4

手袋を買いに

1943年

1913年～1943年

新美南吉 作

きくドラ 脚色

寒い冬が / 北方から / 狐の親子の住んでいる森へもやってきました。ある朝、洞穴から / 子供の狐が出ようとしました。「あ、母ちゃん、目に何か刺さった。抜いてちょうだい。早く早く。」「どれどれ / 見せてごらん。」「母さん狐がびっくりして / 慌てふためきながら / 目を押さえている子供の手を / 恐る恐る取りのけてみましたが、何も刺さってはいませんでした。

母さん狐は / 洞穴の入り口から外へ出て / はじめてわけが分かりました。昨夜のうちに / 真っ白な雪が / どっさり降ったのです。その雪の上から / お日様がキラキラと照らしていたので / 雪はまぶしいほど反射していたのです。雪を知らなかった子狐は / あまり強い反射を受けたので / 目に何か刺さったと思ったのでした。

子ぎつねが / 外で真綿のようにやわらかい雪の上を駆け回ると / 雪の粉が / しぶきのように飛び散って / 小さい虹がすっと映るのでした。「お母ちゃん、ただいま、お手手が冷たい。お手手がジンジンする。」「ハア、もうすぐ暖かくなるよ。雪をさわると / すぐ暖かくなるもんだよ。」とは言いましたが、可愛い坊やの手に / 霜焼けが出来てはかわいそうだから / 夜になったら / 町まで行って / 坊やのお手手に合うような / 毛糸の手袋を買ってやろうと思いました。

暗い暗い夜が / 風呂敷のような影をひろげて、野原や森を包みにやってきましたが、雪はあまり白いので / 包んでも / 包んでも / 白く浮かび

上がっていました。親子の銀狐は / 洞穴から出ました。子供の方は / お母さんのおなかの下へ入り込んで / そこからまん丸な目をパチパチさせながら、あっちやこっちを見ながら歩いて行きました。

　やがて / 行く手にぽっつり / 灯が一つ見え始めました。「母ちゃん、お星さまは / あんな低いところにも落ちてるのね。」「あれはお星さまじゃないのよ。あれは / 町の灯なんだよ。」その町の灯を見たとき、母さん狐は / あるとき町へお友達と出かけて行って / とんだ目にあったことを思い出しました。およしなさいっていうのも聞かないで / お友達の狐が / ある家の鴨を盗もうとしたので / お百姓に見つかって / 散々追いまくられて / 命ガラガラ逃げたことでした。

　「母ちゃん、何してるの?早く行こうよ。」母さん狐は / どうしても足が進まないのでした。そこで / 仕方がないので / 坊やだけを / 一人で町まで / 行かせることにしました。「坊や、お手手を片方お出し。」その手を / 母さん狐は / しばらく握っている間に / 可愛い人間の子供の手にしてしまいました。子ぎつねは / その手を広げたり / 握った / 抓ってみたり / 嗅いでみたりしました。「なんだか、変だな、母ちゃん。これ何?」「それは人間の手よ。いいかい?坊や。町へ行ったらね、たくさん人間の家があるからね。まず / 表にまるいシャッポの看板のかかっている家を探すんだよ。それが見つかったらね、トントン / と戸をたたいて、こんばんは! って言うんだ

よ。そうするとね。中から人間が / 少し戸を開けるからね。その戸の隙間から / こっちの手、ほら! この人間の手を差し入れてね、この手にちょうどいい手袋ちょうだい / っていうんだよ。わかったね? 決して / こっちのお手手は出しちゃだめよ。」「どうして?」「人間はね、相手が狐だとわかると / 手袋を売ってくれないんだよ。それどころか、捕まえて檻のなかへ入れちゃうんだよ。人間って / 本当に怖いものなんだよ。」「フーン。」「決して / こっちの手を出しちゃいけないよ。こっちの方、ほら! 人間の手の方を差し出すんだよ。」

　そう言って母さん狐は / 持ってきた二つの白銅貨を / 人間の手の方へ握らせてやりました。子ぎつねは / 町の灯を目当てに / 雪明かりの野原を / ヨチヨチやっていきました。はじめのうちは一つきりだった灯が / 二つになり / 三つになり / 果ては十にも増えました。子ぎつねはそれをみて / 灯には / 星と同じように / 赤いのや / 黄のや / 青いのがあるんだな / と思いました。

　やがて町に入りましたが、/ 通りの家々は / もうみんな戸を閉めてしまって / 高い窓から / 暖かそうな光が道の雪の上に落ちているばかりでした。けれど、表の看板の上には / たいてい小さな電灯が灯っていましたので / 子ぎつねは / それをみながら / 帽子屋を探していきました。歩いて行くと / お母さんが道々よく教えてくれた / 黒い大きなシルクハットの帽子

の看板が / 青い電灯に照らされて / かかっていました。

　「こんばんは!」すると、なかでは / なにかコトコト音がしていましたが、やがて / 戸が一寸ほどごろりと開いて、光の帯が / 道の白い雪の上に / 長く伸びました。「いらっしゃい。」子ぎつねは / その光が眩かったので、面喰って / 間違った方の手を / 母狐が出しちゃいけないといってよく聞かせた方の手を / 隙間から差し込んでしまいました。「このお手手にちょうどいい手袋をください。」すると、帽子屋さんは / おやおやと思いました。狐の手です。狐の手が / 手袋をくれというのです。「これは / きっと木の葉で買いに来たんだな。先に / お金をください。」子狐は / 素直に握ってきた白銅貨を二つ / 帽子屋さんに渡しました。「これは木の葉じゃない。本当のお金だな。はい、どうぞ。」「ありがとう。」子狐は / お礼を言って、また、もと来た道を帰り始めました。

　「お母さんは / 人間は恐ろしいものだとおっしゃったが、ちっとも恐ろしくないや。だって僕の手をみても / どうもしなかったもの。それにしても、一体人間なんてどんなものかな? 見てみたいや。」そうしてある窓の下を通りかかると / 人間の声がしていました。何というやさしい、なんという美しい、なんというおっとりした声なんでしょう。「眠れ、眠れ、母の胸で眠れ眠れ…。」「きっと、人間のお母さんの声に違いない。」子狐が眠るときにも / やっぱり母さん狐は / あんなやさしい声でゆすぶってくれるから

です。

　すると、今度は子供の声がしました。「母ちゃん、こんな寒い夜は / 森の子狐は / 寒い寒いって / 泣いているでしょうね。」「森の子狐も / お母さん狐のお歌を聞いて / 洞穴の中で眠ろうとしているでしょうね。」「さあ、坊やも早くねんねしなさい。森の子狐と / 坊やと / どっちが早くねんねするか。きっと / 坊やのほうが早くねんねしますよ。」それを聞くと / 子狐は急にお母さんが恋しくなって / お母さん狐の待っている方へ飛んでいきました。お母さん狐は / 心配しながら、子狐の帰ってくるのを / 今か今かと震えながら待っていましたので / 坊やが来ると / 暖かい胸に抱きしめて / 泣きたいほど喜びました。二匹の狐は / 森の方へ帰って行きました。

　月が出たので / 狐の毛並が銀色に光り、その足跡には / コバルトの影がたまりました。「お母ちゃん、人間ってちっとも怖くないや。」「どうして?」「もう / 間違えて本当のお手手出しちゃったの。でも、帽子屋さん / 捕まえやしなかったもの。ちゃんと / こんないい暖かい手袋くれたもの。」「まあ、本当に人間はいいものかしら?本当に / 人間はいいものかしら?」

〈終り〉

줄거리를 파악합시다.

　　어느 숲속에 엄마 여우와 아이 여우가 살고 있었다. 눈속을 뛰어다니는 아이 여우가 손이 시리다고 하자, 엄마 여우는 인간이 사는 마을에 내려가서 아이 여우의 손에 맞는 털장갑을 사주고자 결심한다. 하지만 인간이 얼마나 무서운 존재인지를 잘 아는 엄마 여우는 망설임 끝에 아이 여우에게 돈을 쥐어 주며 털장갑을 사러 보낸다. 털장갑집 주인은 털장갑을 사러온 사람이 여우임을 알았지만 진짜 돈을 가지고 온 여우에게 털장갑을 판다. 아이 여우는 엄마 여우와 함께 기뻐하며 다시 숲속으로 돌아간다.

아래의 단어(연어)에 해당하는 히라가나와 그 뜻을 써 봅시다.

단어	히라가나	뜻
北方		
狐		
抜く		
ふためく		
恐る恐る		
入り口		
真っ白だ		
反射		
真綿		
雪の粉		
虹		
お手手		
霜焼け		
手袋		
野原		
銀狐		
まん丸		
灯		
盗む		
散々		
片方		
探す		
隙間		
捕まえる		

단어

단어	히라가나	뜻
檻		
目当て		
野原		
電灯		
光の帯		
木の葉		
渡す		
震える		
毛並		
足跡		
間違える		
洞穴		
刺る		
慌る		
押さえる		
取りのける		
昨夜		
お日様		
照らす		
駆け回る		
飛び散る		
映る		
坊や		
毛糸		
風呂敷		
浮かび上がる		
入り込む		
行く手		
鴨		

단어	히라가나	뜻
百姓		
追いまくる		
握る		
戸		
相手		
怖い		
白銅貨		
雪明かり		
看板		
帽子屋		
差し込む		
素直だ		
恐ろしい		
抱きしめる		
銀色		
影		

연어	히라가나	뜻
目に何か刺さる		
目を押さえる		
恐る恐る取りのける		
強い反射を受ける		
雪の上を駆け回る		
霜焼けが出来る		
影をひろげる		
足が進む		
電灯が灯る		

연어	히라가나	뜻
帽子屋を探す		
帽子屋を見つける		
音がする		
ごろりと開く		
光の帯が伸びる		
声がする		

4.3

본문에 나오는 문법을 이해합시다.

❶ ある朝、洞穴から子供の狐が出ようとしました。

구조

번역

❷ あ、母ちゃん、目に何か刺さった。抜いてちょうだい。

구조

번역

❸ やわらかい雪の上を駆け回ると雪の粉がしぶきのように

> 구조
>
> 번역

❹ 坊やのお手手に合うような毛糸の手袋を買ってやろうと思いました。

> 구조
>
> 번역

❺ 仕方がないので坊やだけを一人で町まで行かせることにしました。

> 구조
>
> 번역

❻ 坊や、お手手を片方お出し。

> 구조
>
> 번역

❼ その手を広げたり握ったり抓ってみたり嗅いでみたりしました。

> 구조
>
> 번역

❽ それどころか、捕まえて檻のなかへ入れちゃうんだよ。

> 구조
>
> 번역

❾ 決してこっちの手を出しちゃいけないよ。

> 구조
>
> 번역

❿ 持ってきた二つの白銅貨を人間の手の方へ握らせてやりました。

> 구조
>
> 번역

⓫ 帽子の看板が青い電灯に照らされてかかっていました。

> 구조
>
> 번역

⓬ 出しちゃいけないといってよく聞かせた方の手を

> 구조
>
> 번역

⓭ 狐の手が手袋をくれというのです。

구조

번역

⓮ これはきっと木の葉で買いに来たんだな。

구조

번역

⓯ なんというおっとりした声なんでしょう。

구조

번역

⓰ さあ、坊やも早くねんねしなさい。

구조

번역

⓱ もう間違えて本当のお手手出しちゃったの。

구조

번역

본문 내용에 관련된 일본어 질문에 일본어로 대답합시다.

❶ 昨日の夜、何が降りましたか。

....

❷ 子狐の手は暖かかったですか。冷たかったですか。

....

❸ 母さん狐は子狐に何を買ってやろうと思いましたか。

....

❹ 母さん狐の友だちの狐はある家に入って何を盗もうとしましたか。

....

❺ 母さん狐は子狐に人間は怖いものだと言いましたか、やさしいものだと言いましたか。

....

❻ 母さん狐は子狐の手に何を握らせてやりましたか。

....

❼ 子狐は帽子屋さんに人間の手を差し出しましたか、それとも狐の手を差し出しましたか。

....

❽ この作品を読んで何を感じましたか。

....

어법에 맞춰 단어(어구)를 정확하게 재배열한 뒤 번역을 하세요.

❶ その足跡には　銀色に光り、狐の毛並が　出たので　たまりました。
コバルトの影が　月が

배치

번역

❷ 急に　お母さんが　子狐は　聞くと　待っている方へ　恋しくなって
それを　飛んでいきました。お母さん狐の

배치

번역

❸ 恐ろしくないや。恐ろしい　おっしゃったが、ちっとも　ものだと
人間は　お母さんは

배치

번역

❹ あんな　母さん狐は　ゆすぶってくれる　眠るときにも　からです。
やさしい声で　やっぱり　子狐が

배치

번역

❺ 通りかかると　人間の声が　窓の下を　そうして　ある　していました。

배치

번역

❻ お歌を　洞穴の中で　お母さん狐の　いるでしょうね。森の子狐も　眠ろうとして　聞いて

배치

번역

❼ 白銅貨を　握ってきた　渡しました。二つ　素直に　帽子屋さんに　子狐は

배치

번역

❽ 光の帯が　長く　ごろりと開いて、戸が　伸びました。やがて　一寸　ほど　道の白い　雪の上に

배치

번역

❾ 十にも　一つきりだった　三つになり　うちは　果ては　増えました。はじめの　二つになり　灯が

배치

번역

⑩ 白銅貨を　持ってきた　二つの　握らせて　母さん狐は　手の方へ　やりました。そう言って　人間の

배치

번역

4.6

빈칸 안에 문장 순서를 표시하는 번호를 붙여 봅시다.

❶「こんばんは!」すると、なかではなにかコトコト音がしていましたが、やがて戸が一寸ほどごろりと開いて、光の帯が道の白い雪の上に長く伸びました。

❷ 狐の手です。狐の手が手袋をくれというのです。

❸「いらっしゃい。」子ぎつねはその光が眩かったので、面喰って間違った方の手を母狐が出しちゃいけないといってよく聞かせた方の手を隙間から差し込んでしまいました。

❹「このお手手にちょうどいい手袋をください。」すると、帽子屋さんはおやおやと思いました。

❺ 子狐は素直に握ってきた白銅貨を二つ帽子屋さんに渡しました。

❻ これはきっと木の葉で買いに来たんだな。先にお金をください

❼ これは木の葉じゃない。本当のお金だな。はい、どうぞ。

❽「ありがとう。」子狐はお礼を言って、また、もと来た道を帰り始めました。

빈칸에 문단 순서를 표시하는 번호를 붙여 봅시다.

❶ 寒い冬が北方から狐の親子の住んでいる森へもやってきました。ある朝、洞穴から子供の狐が出ようとしました。「あ、母ちゃん、目に何か刺さった。抜いてちょうだい。早く早く。」「どれどれ見せてごらん。」「母さん狐がびっくりして慌てふためきながら目を押さえている子供の手を恐る恐る取りのけてみましたが、何も刺さってはいませんでした。

❷ 母さん狐は洞穴の入り口から外へ出てはじめてわけが分かりました。昨夜のうちに真っ白な雪がどっさり降ったのです。その雪の上からお日様がキラキラと照らしていたので雪はまぶしいほど反射していたのです。雪を知らなかった子狐はあまり強い反射を受けたので目に何か刺さったと思ったのでした。

❸ 暗い暗い夜が風呂敷のような影をひろげて、野原や森を包みにやってきましたが、雪はあまり白いので包んでも包んでも白く浮かび上がっていました。親子の銀狐は洞穴から出ました。子供の方はお母さんのおなかの下へ入り込んでそこからまん丸な目をパチパチさせながら、あっちやこっちを見ながら歩いて行きました。

❹ 子ぎつねが外で真綿のようにやわらかい雪の上を駆け回ると雪の粉が
しぶきのように飛び散って小さい虹がすっと映るのでした。「お母ち
ゃん、ただいま、お手手が冷たい。お手手がジンジンする。」「ハア、
もうすぐ暖かくなるよ。雪をさわるとすぐ暖かくなるもんだよ。」と
は言いましたが、可愛い坊やの手に霜焼けが出来てはかわいそうだか
ら夜になったら町まで行って坊やのお手手に合うような毛糸の手袋を
買ってやろうと思いました。

4.8

일본어로 토론하고 독후감을 적어 봅시다.

Unit 5

星の王子さま

1943年

1900年～1944年
サンテグジュペリ 作
きくドラ 脚色

「大事なことは / 目じゃ見えない。心で / 見るんだよ。」星の王子さま。サンテグジュペリ。ちょうど / 6年前のある夜、僕の操縦する飛行機が / サハラ砂漠に / 不時着した。乗っていたのは / 僕 / 一人。砂漠の景色は美しかったけれど、僕は / とっても / 心細かった。だから、その夜明け、君に起こされた時は / 雷に打たれたみたいに / びっくりした。

「ねえ、ねえ、お願い。起きて、僕に / 羊の絵を描いて。僕、自分の星に / 羊がほしいんだ。」じっと / 僕を見つめる君を見て / 僕は / 不思議に思った。砂漠の真ん中だというのに、君は / 全然くたびれても / 怖がってもいない。それより僕は / 君の可愛らしい姿と声を / いっぺんで好きになってしまった。

「羊だよ。羊を描いて。そうそう。あ、だめだめ。その羊 / 病気だよ。もう一度。あ、違う、違う。年寄りじゃなくて / 若いのが欲しいんだ。それと僕、雄より / 雌がいい。」僕は、/ 困ってしまった。なんせ絵を描いたのは、子供の頃以来だ。僕は半ばやけになって / 羊ではなく / 四角い箱を描いた。「あ、ありがとう。この箱の中に羊がいるんだね。あ、そうそう。僕こんな羊が欲しかったんだ。ね、この羊、たくさん食べるかな…。」

君の笑顔は / とびきり素敵だった。こうして僕は / 君と小さな王子さまと / 友だちになった。そして君は / 自分の住んでいた / 小さな / 小さな / 遠い星のことを / 教えてくれた。「僕がいたのは / 僕よりちょっと大きいく

らいの星なんだ。でも、火山が三つもあるんだよ。それと / とってもきれいなバラが一つ / 咲いているんだ。僕、今でも覚えてるよ。そのバラが、何日も / 何日もかけて / やっとつぼみを開かせたの。」「ハ…。」

　「あら、はじめまして。ごめんなさいね。今目覚めたばかりなの。まだ / 花びらがクシャクシャだわ。」「ハ、君って / 君って、なんてきれいなんだ。」「フフフ、当然よ。たっぷりおしゃれしたんですもの。ねえ、そろそろ / 朝ご飯が欲しいわ。」この星で / 一番上等なお水をちょうだい。」「オオ、なんだか / 偉そうなバラだな。でも、すっごくいい香り。僕、大好きだ。」「ありがとう。いいお味ね。でも、あなたの星、少し寒いわ。なにか / 風よけはないの?」「そうね。」「ガラスの覆いがいいわ。虎でもきたら / 大変ですもの。ねえ、何をしているの? 早く持ってきてくださる?」

　「僕、そのバラが大好きだったけど、あんまりわがままだから / うんざりしちゃったんだ。それで僕は / 旅に出ようと思ったんだ。彼女のいない / 遠くの星へ。」「あなた / 行ってしまうのね。」「ウン、さようなら。元気でね。」「私、あなたにひどいことばかり言ったわ。やさしくなかったかもしれない。でも私、あなたが好きよ。わからなかった?さあ、 / もう行って。バラは/誇り高いのよ。」「それから僕は / 六つの星を訪れて / この地球に来たんだ。

　でも、あたりに誰もいなくて / とても / 寂しかった。そしたら / 急にバ

ラのことが気になって / そんな時 / 狐と出会ったんだ。」「コンコン。やあ、こんにちは。ここらじゃ見ない顔だね。」「やあ、狐君。僕と遊ぼうよ。」「いや、それはだめだよ。」「なぜ?」「私はまだ / 君に懐いていないから…。」「なつくって / 何?」「信頼するってことさ。今 / 私にとって君は / ただの男の子だ。名前も知らない。10万人の男の子と変わらない。でも、私が君になつけば、私にとって君は / 世界にたった一人の男の子になる。」「ハア、わかる気がする。そうか。あのバラは / 僕に / なついていたんだ。」「バラ?」「バラなら / ほら、この先に / ローズガーデンがある。一緒に行くかい?」

　「狐に誘われて / 僕はその庭園に行ってみたんだ。そこで僕は / びっくりした。あのバラにそっくりな花が / 5千本も咲いていたんだ。」「あら、こんにちは。可愛い子ね。こんにちは。ハロー、ハロー、こんにちは。」「君たち誰?」「何言ってるの? バラに決まってるでしょう。」「あ、違う。みためは同じなのに、君たちは / 僕のバラと全然違う。あ、/ 僕はなんてバカだったんだろう。彼女は / 僕の星を / いい香りで包んでくれた。毎日の楽しみをくれた。なのに僕は / 彼女のわがままだけをみて / それが / 見えていなかった。「大事なことは / 目じゃ見えない。心で / 見るんだよ。」「目じゃなくて / 心で。」

　　やがて / 君は話し疲れたのか / 少し黙ってしまった。空にはもう / 無数の星が / 光り輝いている。一体 / 君の星は / どれなんだろう。「僕の星は

／小さいから／どれかはわからないんだ。でもそれは／あの星も／あの星も／全部／僕の星かもしれないってことだよね。じゃ、この夜空の星は／全部／僕の星なんだ。アハハハ。」君は僕に／飛びきりの笑顔を見せてくれた。すると／目に映る星／すべてが／君の笑顔に変わり、一斉に／僕に／微笑みかけた。「へへへ、大事なことはね、目じゃ見えない。心で／見るんだよ。ハハハ」

　翌朝、目が覚めると／君はどこにもいなかった。僕はその後、何とか飛行機の修理を終え、帰還した。それは今から／6年前のことだ。でも、／僕は知っている。君が星に帰り、愛するバラと／僕の描いた羊と／仲良く／楽しく暮らしていることを…。あ、今夜は／星が／よく見える。あの／どれかの星で／君は笑っている。さあ、あなたたちも一緒に／夜空を見上げよう。そして／眼だけじゃく、心で見るんだ。そうすればきっと／満天の星空が、あの／小さな王子が／あなたに／微笑みかけるだろう。ハハハ、ハハハ

〈終り〉

줄거리를 파악합시다.

주인공이 조종하던 비행기가 사하라 사막에 불시착했는데, 그곳에서 어린 아이를 만난다. 그 아이가 사는 행성의 크기는 자신보다 약간 크며 화산이 3개나 있다. 어느 날 자신의 행성에 장미가 한 송이 피었는데 향기는 좋았지만, 요구가 많은 장미가 싫어 결국 지구로 왔다고 한다. 여러 가지 일을 겪으면서 타인의 단점은 크게 보고 장점은 외면하는 자신을 반성한다. 중요한 것은 눈에 보이지 않으며, 마음으로만 볼 수 있다는 사실을 깨닫고 다시 장미가 사는 자신의 행성으로 돌아간다.

아래의 단어(연어)에 해당하는 히라가나와 그 뜻을 써봅시다.

단어	히라가나	뜻
王子		
サハラ砂漠		
景色		
夜明け		
羊の絵		
不思議だ		
真ん中		
雄		
困る		
素敵		
花びら		
当然		
ガラス		
誇り		
地球		
信頼		
香り		
光り輝く		
笑顔		
修理		
仲良い		
今夜		
見上げる		
星空		

단어	히라가나	뜻
操縦		
不時着		
心細い		
雷		
見つめる		
砂漠		
全然		
雌		
四角い		
笑顔		
風よけ		
上等だ		
覆い		
訪れる		
寂しい		
庭園		
包む		
飛びきり		
微笑みかける		
帰還		
暮す		
夜空		
満天		
年寄り		

연어	히라가나	뜻
雷に打たれる		
僕を見つめる		
不思議に思う		
君に懐く		
バラに決まってる		
無数の星が光り輝く		
笑顔を見せる		
笑顔に変わる		
楽しく暮らす		
夜空を見上げる		

연어

5.3

본문에 나오는 문법을 이해합시다.

❶ その夜明け、君に起こされた時は雷に打たれたみたいにびっくりした。

구조

번역

❷ 君は全然くたびれても怖がってもいない。

구조

번역

❸ ねえ、そろそろ朝ご飯が欲しいわ。

> 구조
>
> 번역

❹ 早く持ってきてくださる?

> 구조
>
> 번역

❺ 狐に誘われて僕はその庭園に行ってみたんだ。

> 구조
>
> 번역

❻ 彼女は僕の星をいい香りで包んでくれた。

> 구조
>
> 번역

❼ なのに僕は彼女のわがままだけをみてそれが見えていなかった。

> 구조
>
> 번역

본문 내용에 관련된 일본어 질문에 일본어로 대답합시다.

❶ 王子さまは大事なことは目に見えると言っていますか、それとも見えないと言っていますか。

❷ 主人公はいつどこに不時着しましたか。

❸ 主人公は王子さまのどんなところがいっぺんに好きになりましたか。

❹ 王子さまは主人公に何の絵を描いてくれと頼みましたか。

❺ 王子さまは、なぜその絵を描いてほしいと言いましたか。

❻ 王子さまの住んでいる星には火山はいくつありますか。また何の花が咲いていますか。

❼ 花が王子さまの星でしてくれたことは何ですか。

❽ どうして王子さまはその花のことが嫌になりましたか。

❾ 王子さまは、地球に来る前にどこを訪れましたか。

❿ 王子さまは地球に来て、最初に誰と出会いましたか。

....

⓫ その相手はどうして王子さまと一緒に遊べないと言いましたか。

....

⓬ 王子さまが最後に主人公にみせてくれたものは何ですか。

....

⓭ ローズガーデンにはバラの花が何本咲いていましたか。

....

⓮ 主人公が飛行機を修理して帰還したのは、今から何年前のことですか。

....

⓯ この作品を読んで何を感じましたか。

....

어법에 맞춰 단어(어구)를 정확하게 재배열한 뒤 번역을 하세요.

❶ わがまま　僕は　みて　見えていなかった。彼女の　だけを　それが　なのに

배치

번역

❷ 君になつけば、なる。私にとって　たった一人の　世界に　私が　君は　男の子に

배치

번역

❸ ことが　急に　気になって　バラの　狐と　そんな時、そしたら　出会ったんだ。

배치

번역

❹ わがままだから　僕、大好きだったけど、うんざり　しちゃったんだ。そのバラが　あんまり

배치

번역

❺ くらいの　大きい　星　ちょっと　なんだ。僕より　いたのは　僕が

배치

번역

❻ 自分の　君は　遠い星のことを　小さな　そして　教えてくれた。住んでいた　小さな

배치

번역

❼ 君の　声を　いっぺんで　姿と　可愛らしい　僕は　好きになってしまった。それより

배치

번역

❽ 君に　その夜明け、時は　だから、みたいに　雷に　打たれた　起こされた　びっくりした。

배치

번역

❾ 美しかったけれど、景色は　僕は　砂漠の　とっても　心細かった。

배치

번역

❿ 6年前の　飛行機が　操縦する　ちょうど　不時着した。僕の　サハラ砂漠に　ある夜、

배치

번역

빈칸 안에 문장 순서를 표시하는 번호를 붙여 봅시다.

❶ でも、あたりに誰もいなくてとても寂しかった。そしたら急にバラのことが気になってそんな時狐と出会ったんだ。

❷ 「やあ、狐君。僕と遊ぼうよ。」

❸ 「コンコン。やあ、こんにちは。ここらじゃ見ない顔だね。」

❹ 「いや、それはだめだよ。」「なぜ?」「私はまだ君に懐いていないから…。」

❺ 「ハア、わかる気がする。そうか。あのバラは僕になついていたんだ。」

❻ 「バラ?」

❼ 「なつくって何?」「信頼するってことさ。今私にとって君はただの男の子だ。名前も知らない。10万人の男の子と変わらない。でも、私が君になつけば、私にとって君は世界にたった一人の男の子になる。」

❽ 「バラなら、ほら、この先にローズガーデンがある。一緒に行くかい?」

빈칸에 문단 순서를 표시하는 번호를 붙여 봅시다.

❶ 君の笑顔はとびきり素敵だった。こうして僕は君と小さな王子さまと友だちになった。そして君は自分の住んでいた小さな小さな遠い星のことを教えてくれた。「僕がいたのは僕よりちょっと大きいくらいの星なんだ。でも、火山が三つもあるんだよ。それととってもきれいなバラが一つ咲いているんだ。僕、今でも覚えてるよ。そのバラが、何日も何日もかけてやっとつぼみを開かせたの。」「ハ…。」

❷ 「大事なことは目じゃ見えない。心で見るんだよ。」ちょうど6年前のある夜、僕の操縦する飛行機がサハラ砂漠に不時着した。乗っていたのは僕一人。砂漠の景色は美しかったけれど、僕はとっても心細かった。だから、その夜明け、君に起こされた時は雷に打たれたみたいにびっくりした。

❸ 「羊だよ。羊を描いて。そう、そう。あ、だめだめ。その羊病気だよ。もう一度、あ、違う、違う。年寄りじゃなくて若いのが欲しいんだ。それと僕、雄より雌がいい。」僕は、困ってしまった。なんせ、絵を描いたのは、子供の頃以来だ。僕は半ばやけになって羊ではなく四角い箱を描いた。「あ、ありがとう。この箱の中に羊がいるんだね。あ、そうそ

う。僕こんな羊が欲しかったんだ。この羊、たくさん食べるかな…。」

❹ 「ねえ、ねえ、お願い。起きて、僕に羊の絵を描いて。僕、自分の星に羊がほしいんだ。」じっと僕を見つめる君を見て僕は不思議に思った。砂漠の真ん中だというのに、君は全然くたびれても怖がってもいない。それより僕は君の可愛らしい姿と声をいっぺんで好きになってしまった。

일본어로 토론하고 독후감을 적어 봅시다.

Unit 6

どんぐりと山猫

1924年

1896年～1933年

宮沢賢治 作

きくドラ 脚色

　　おかしな葉書が / 一郎の家に届きました。金田一郎さま、あなたはご機嫌よろしいようで / 結構です。明日、面倒な裁判をしますから / おいでください。でも、飛び道具はもたないでください。山猫。」こんなのです。「すごい、山猫からだ。」一郎は / 嬉しくて嬉しくてたまりませんでした。寝床に潜ってからも / 山猫の / にゃあとした顔や、その面倒だという裁判のことを考えて、遅くまで眠れませんでした。

　　翌朝、一郎は急いでご飯を食べて / 山を登りました。「山猫、山猫。どこにいる?」その時、風がザーッと吹くと、栗の木がパラパラッと / 実を落としました。「栗の木、栗の木。山猫を知ってるかい?」「山猫どんなら、馬車で / 東へ飛んで行ったぞ。栗の木、ありがとう。」

　　そのまま進むと、そこには美しい金色の草原がありました。周りはピカピカなオリーブ色の木の森で囲まれています。「山猫は / ここかな?」急に風が巻き起こり、一郎は振り返りました。すると、そこには / 緑色の目をした山猫が / 黄色い陣羽織を着て立っています。「こんにちは。よくいらっしゃいました。」「やっぱり / 山猫の耳は / 立ってとがっているな…。」一郎はそう思いましたが、口には出しませんでした。

　　「こんにちは。葉書を / ありがとう。」山猫はひげをぴんと引っ張って / 腹を突き出して言いました。「実は / おとといから / 面倒な争いが起こりましてね。裁判に困りましたので / あなたをお呼びしたのです。まあ、今

はゆっくりお休みください。じき、奴らも来るでしょう。」山猫は懐から煙草の箱を出して / 一本くわえました。「フウ、あなたも一本 / いかがですかな。」「いえ、ぼく、煙草は…。」「フ、フン、まだ / お若いですからな。」

　　山猫は顔をしかめて、青い煙を / フーッと / 吐きました。そのとき、一郎は / 足元でパチパチという音を聞きました。びっくりして屈んでみますと / そこらじゅうに金色の丸いものが / キラキラ光っています。よくみると、それは赤いズボンをはいたどんぐりでした。もうその数ときたら、300でもききません。」「わあ、どんぐりだ。」「来たな。いつもありのようにやってくる。」「裁判というのはもしかして。」「このどんぐりどものですよ。毎年こいつらは / 争いを起こすのです。」山猫は煙草を投げ捨てて、大急ぎで鈴を振りました。

　　「やあ、静かになったぞ。」山猫はとっぷりとどんぐりの前に座りました。いよいよ裁判が始まるようです。「オホン、お前たち。いい加減に。仲直りをしたらどうだ。」すると、どんぐりどもは口々に / 叫びました。「いえいえ。だめです。なんと言ったって、一番頭の尖がってる / わたしが一番偉いんです。」「いいえ、違います。一番丸い / 私が一番偉いのです。」「違うぞ。大きいのだ。一番大きなおらが / 一番偉いんだ。」「背の高いのだい。一番のっぽなおいらが / 一番偉いんだい。」「相撲だよ。相撲の一番強い、わしが一番偉いんだよ。」まるで / 蜂の巣をつっついたようになりま

した。「やかましい。ここをなんと心得る?静まれ、静まれ。」

　「はあ、一郎さん。この通りです。どんぐりどもを黙らせるには / どうしたらいいでしょう?」「そうですね。それなら / こう言い渡したらどうでしょう。この中で一番偉いのは、一番バカで / めちゃくちゃで / なさけなくて / まるでなっていないような奴だ、とね。僕、お説教で聞いたんです。」

　「一番バカで / めちゃくちゃ、はあ、なるほど。」山猫は / 喉を鳴らして / うなづきました。それからいかにも気取って、どんぐりたちに申し渡しました。「よーく聞け!この中で / 一番偉い奴を申し渡す。この中で一番偉いのは、一番偉くなくて / 一番バカで / もう / めちゃくちゃで / てんでなってなくて頭もつぶれてどうしようもない奴だ。」どんぐりたちは / シーンと / してしまいました。それはそれは / シーンとして / 固まってしまいました。

　「一郎さん。見事な裁き / 感服いたしました。ぜひ、わが裁判所の名誉判事になってください。きっとお礼はいたします。」「承知しました。でも、お礼なんか要りませんよ。」「いえ、いえ。私の人格にかかわります。ぜひ / 受け取ってください。では、これからも裁判のたびに / 葉書を送りましょう。ようございますか。」「え、かまいません。」「それから、その葉書の文句ですが、そうですね。」

　そう言うと、山猫はひげをひねって / 目をパチパチさせて考えました。

「ウーン、この文句だ。」名文句が浮かんだらしく、もったいぶって言い出しました。「葉書には、こう書きましょう。用事、これありにつき、明日出頭すべし。いかがです?」どうだ、という顔でいうものですから／一郎は笑ってしまいました。「ハハ、さあ。それはなんだか変ですね。少しおかしいですよ。そいつだけはやめたほうがいいでしょう?」「お、そうですか。山猫はひげをひねったまま、下を向いてしまいました。「笑われてしまった。どうも言い方がまずかったか。」

　「今日と同じ文句でいいでしょう。」「はい。では、そういたしましょう。」それから一郎は、山猫の馬車に乗せてもらい、いっぺんで自分の家に帰してもらいました。「ありがとうございました。あれ?」振り向くと／山猫の馬車も／どこにも見えなくなっていました。そしてその後、あれから二度と／山猫からの葉書が届くことはありませんでした。一郎は大きくなった今でも、郵便受けを見るたびに思うのです。「笑ったりしないで、出頭すべし／と書いてもいい／と言えばよかったのかな。」

〈終り〉

◉ 본문에 나오는 문화어를 인터넷에서 검색합시다.
葉書、飛び道具、山猫、寝床、山猫のにゃあとした顔、陣羽織、どんぐり

◉ 포즈 표시에 유의하면서 본문을 읽고 번역합시다.

줄거리를 파악합시다.

산고양이로부터 재판을 의뢰받은 남자 주인공. 산고양이의 거처를 물어 찾아간 그곳에서 도토리들의 재판이 열린다. 하나같이 자신이 가장 훌륭하다고 주장하는 도토리들에게 남자 주인공은 도토리 중에서 가장 못나고 바보스럽고 한심한 도토리가 가장 훌륭하다는 명판결을 내린다.

아래의 단어(연어)에 해당하는 히라가나와 그 뜻을 써 봅시다.

단어	히라가나	뜻
葉書		
結構		
裁判		
山猫		
潜る		
馬車		
草原		
振り返る		
陣羽織		
懐		
足元		
金色		
大急ぎ		
鈴		
いい加減だ		
口々		
尖る		
蜂の巣		
静まる		
説教		
喉		
申し渡す		
名誉判事		
承知		

단어

단어	히라가나	뜻
文句		
言い出す		
出頭		
機嫌		
面倒だ		
飛び道具		
寝床		
翌朝		
栗の木		
巻き起こる		
緑色		
争い		
煙草		
屈む		
投げ捨てる		
振る		
仲直り		
叫ぶ		
相撲		
心得る		
黙る		
言い渡す		
気取る		
感服		
裁判所		
お礼		
浮かぶ		
用事		
郵便受け		

연어	히라가나	뜻
葉書が届く		
面倒な裁判		
寝床に潜る		
山を登る		
実を落とす		
風が巻き起こる		
陣羽織を着る		
口に出す		
争いが起こる		
煙草を一本くわえる		
顔をしかめる		
煙を吐く		
キラキラ光る		
争いを起こす		
煙草を投げ捨てる		
鈴を振る		
裁判が始まる		
いい加減に仲直りをする		
口々に叫ぶ		
喉を鳴らす		
人格にかかわる		
葉書を送る		
ひげをひねる		
名文句が浮かぶ		
目をパチパチさせる		
もったいぶって言い出す		
下を向く		

본문에 나오는 문법을 이해합시다.

❶ 金田一郎さま、あなたはご機嫌よろしいようで結構です。

> 구조
>
> 번역

❷ 一郎は嬉しくて嬉しくてたまりませんでした。

> 구조
>
> 번역

❸ 寝床潜ってからも山猫のにゃあとした顔や、その面倒だという

> 구조
>
> 번역

❹ 風がザーッと吹くと、栗の木がパラパラッと実を落としました。

> 구조
>
> 번역

❺ 一郎がまた少し行きますと、今度は白い茸がいました。

구조

번역

❻ そのまま進むと、そこには美しい金色の草原がありました。

구조

번역

❼ 周りはピカピカなオリーブ色の木の森で囲まれています。

구조

번역

❽ まあ、今はゆっくりお休みください。

구조

번역

❾ 山猫は煙草を投げ捨てて、大急ぎで鈴を振りました。

구조

번역

❿ 名文句が浮かんだらしく、もったいぶって言い出しました。

> 구조
>
> 번역

⓫ 山猫はひげをひねったまま、下を向いてしまいました。

> 구조
>
> 번역

⓬ 笑われてしまった。どうも言い方がまずかったか。

> 구조
>
> 번역

⓭ 馬車に乗せてもらい、いっぺんで自分の家に帰してもらいました。

> 구조
>
> 번역

⓮ 笑ったりしないで、出頭すべしと書いてもいいと言えばよかったのかな。

> 구조
>
> 번역

본문 내용에 관련된 일본어 질문에 일본어로 대답합시다.

❶ 主人公の名前は何ですか。

❷ 山猫から主人公の家に何が届きましたか。

❸ それはどんな内容でしたか。

❹ 主人公はそれをみて嬉しかったですか、悲しかったですか。

❺ 主人公はそれをもらった当日よく眠れましたか。

❻ 栗の木は主人公に何を言いましたか。

❼ 白い茸は主人公に何を言いましたか。

❽ リスは主人公に何を言いましたか。

❾ 山猫の目は何色ですか。

❿ 山猫は何を着ていましたか。

⓫ 山猫は懐から何を出しましたか。

....

⓬ 裁判を起こしたのは誰ですか。

....

⓭ どんぐりはどうして裁判を起こしましたか。

....

⓮ 主人公の判決内容は何でしたか。

....

⓯ 山猫は主人公に何を頼みましたか。

....

⓰ 主人公はその後、山猫にまた裁判に呼び出されましたか。

....

⓱ この作品を読んで何を感じましたか。

....

6.5

어법에 맞춰 단어(어구)를 정확하게 재배열한 뒤 번역을 하세요.

❶ パチパチさせて　ひげを　山猫は　そう言うと、ひねって　目を　考えました。

배치

번역

❷ 大急ぎで　煙草を　山猫は　投げ捨てて、振りました。鈴を

배치

번역

❸ います。そこらじゅうに　丸いものが　金色の　屈んで　びっくりし
て キラキラ　みますと　光って

배치

번역

❹ 引っ張って　ひげを　腹を　言いました。ぴんと　山猫は　突き出して

배치

번역

❺ 立っています。すると、山猫が　陣羽織を　した　そこには　黄色い
着て　緑色の目を

배치

번역

❺ 木の森で　ピカピカな　周りは　います。囲まれて　オリーブ色の

배치

번역

❼ そこには　美しい　進むと、草原が　そのまま　金色の　ありました。

배치

번역

❽ ザーッと　その時、実を　パラパラッと　栗の木が　吹くと、落とし
　　ました。風が

배치

번역

❾ その　面倒だという　眠れませんでした。考えて、にゃあとした顔
　　や、遅く　裁判のことを　山猫の　まで

배치

번역

❿ しますから　面倒な　明日、ください。裁判を　おいで

배치

번역

빈칸 안에 문장 순서를 표시하는 번호를 붙여 봅시다.

① 山猫は顔をしかめて、青い煙をフーッと吐きました。

② 「わあ、どんぐりだ。」「来たな。 いつもありのようにやってくる。」

③ びっくりして屈んでみますとそこらじゅうに金色の丸いものがキラキラ光っています。

④ そのとき、一郎は足元でパチパチという音を聞きました。

⑤ もうその数ときたら、300でもききません。」

⑥ よくみると、それは赤いズボンをはいたどんぐりでした。

⑦ 「裁判というのはもしかして。」「このどんぐりどものですよ。毎年こいつらは争いを起こすのです。」

⑧ 山猫は煙草を投げ捨てて、大急ぎで鈴を振りました。

빈칸에 문단 순서를 표시하는 번호를 붙여 봅시다.

❶ そのまま進むと、そこには美しい金色の草原がありました。周りはピカピカなオリーブ色の木の森で囲まれています。「山猫はここかな?」急に風が巻き起こり、一郎は振り返りました。すると、そこには緑色の目をした山猫が黄色い陣羽織を着て立っています。「こんにちは。よくいらっしゃいました。」「やっぱり山猫の耳は立ってとがっているな…。」一郎はそう思いましたが、口には出しませんでした。

❷ 翌朝、一郎は急いでご飯を食べて山を登りました。「山猫、山猫。どこにいる?」その時、風がザーッと吹くと、栗の木がパラパラッと実を落としました。栗の木、栗の木。山猫を知ってるかい?」「山猫どんなら、馬車で東へ飛んで行ったぞ。栗の木、ありがとう。」

❸ 一郎がまた少し行きますと、今度は白い茸がいました。「茸、茸、山猫が通らなかったかい?」「山猫さんなら南の方に消えてったよ。茸の子のこのこ。ありがとう。」一郎はまた少し行きました。すると、くるみの木をリスがピョイと飛んでいました。「リスやい、リスやい。山猫はどっち?」「山猫なら、北にかけて行ったわ。北リス、北リス。ありがとう。」

❹ おかしな葉書が一郎の家に届きました。金田一郎さま、あなたはご機嫌よろしいようで結構です。明日、面倒な裁判をしますからおいでください。でも、飛び道具はもたないでください。山猫。」こんなのです。「すごい、山猫からだ。」一郎は嬉しくて嬉しくてたまりませんでした。寝床潜ってからも山猫のにゃあとした顔や、その面倒だという裁判のことを考えて、遅くまで眠れませんでした。

일본어로 토론하고 독후감을 적어 봅시다.

Unit 7

小公女

1888年

1849年～1924年

フランシス・エリザ・バーネット 作

きくドラ 脚色

　　どんなにひもじくても、どんなにお腹がすいても / 心だけはお姫さまでいよう、そう思っていました。

〈小公女〉 フランシス・エリザ・バーネット

　　「お父さま、私ここで / たくさん勉強するわ。離れていても平気。お父さまは / いつも私の心の中にいるんですもの。」冬のある日、10歳のセーラは / ロンドンの名門、ミンチン女学校に転校してきました。これからセーラは / お父さんと離れ、ここで勉強するのです。校長のミンチンは / セーラを出迎え、満面の笑みで言いました。「初めまして。私が校長のミンチンです。まあ、まあ、なんて美しい女の子なの? それにとっても賢そう。」

　　ミンチン校長は / セーラを大歓迎しました。ですが、決して / セーラを気に入ったわけではありません。ミンチン校長の目当ては / セーラのお金でした。セーラのお父さんは / ダイヤモンド鉱山をもつ / 大金持ちなのです。「いい金づるだ。たっぷり / 寄付金を引き出さなきゃね。」その日から / セーラの学校生活が始まりました。そしてそれは / とても楽しい毎日でした。

　　彼女は明るく、やさしく / 物知りで / たちまち / 学校中の人気者となりました。「結構、結構。すっかり / お姫さまだね。オーッと、お父上にもこのことをお伝えしないとね。寄付金、寄付金。ヒヒヒ。」

そして／月日は流れ、セーラの11歳の誕生日が来ました。その日は／学校中が大はしゃぎ、みんなで／盛大にパーティを開き、セーラの誕生日を祝う／はずでした。「な、何だって? セーラの父親が亡くなった? しかもダイヤモンド鉱山も 閉鎖?」学校に、訃報が届きました。お父さんが亡くなり、家も破産したというのです。「全くとんだおおぞんだよ。これで寄付金はパーだ。サー／サー、パーティは中止だよ。そら、セーラ。こっちへ来るんだ。」「あ、何をなさるの?」

　　今までの恭しさはどこへやら、ミンチン校長は／セーラの部屋にあった／高価な家具やドレスを／すべて取り上げてしまいました。そして／戸惑うセーラに／すべてを告げました。「いいかい、セーラ。お前はもうこの学校の生徒じゃないんだ。これからは／ここのメードとして働いてもらうよ。」「あ、あ、可愛そうなお父さま。」

　　その日から／セーラの暮らしは一変しました。暖かい部屋から／屋根裏部屋に移され、一日中／ミンチン校長にこき使われました。そして／仲良しだった友だちは／セーラを見下すようになったのです。「ハハハ」セーラの身なりは／次第にみすぼらしくなり、／やせ細っていきました。ですが、その心は／反対に／どんどん強くなっていきました。

　　「セーラ、負けちゃだめ。どんなに辛くても／心だけはお姫さまでいるのよ。」そしてある日、セーラはお使いを頼まれ、町に出かけました。そ

の日はとても寒く、朝から何も食べていなかったので / ふらふらでした。すると、そこに / ある身なりのいい紳士が / 話しかけてきました。「お嬢さん、大丈夫ですか。とてもお腹を空かせているようだ。さあ、この銀貨でパンをお食べなさい。」「そんな、いただけません。見ず知らずの紳士さまからなんて。」

　「気品のあるお嬢さん。どうかお気を悪くなさらないで。このお金は、そうだ。道で拾ったとでも / 思ってください。」紳士は / セーラの手にしっかりお金を握らせ、にっこり笑って、去って行きました。そしてセーラは / 用事を済ませると、迷った末、その銀貨で / パンを買いました。焼きたてのパンは / ホカホカで香ばしく、空腹のセーラには / 何よりのごちそうです。

　ですが、彼女は / それを食べようとしません。「ねえ、あなた。お腹が空いているんじゃない?」セーラは / 寒空の下、裸足で震えている少女に / 話しかけました。「あ、あたい。三日前から / 何も食べてないの。ください、くださいって / 歩き回ったけど、誰もくれないの。」セーラは / 自分も気絶しそうなほど空腹でしたが、すべてのパンを / 彼女にあげてしまいました。

　「あ、お姉さん。ありがとう。」すると、そこに偶然、再びあの紳士が通りかかり、背後で / その一部始終を聞いていました。「お、なんというやさしい少女だ。自分もあんなにやつれているのに…。」「ああ、おいしかっ

た。ねえ、お姉さん。名前何ていうの?」「私はね、セーラ、セーラクルーっていうの。そこのミンチン女学校にいるのよ。」すると / その名前を聞いた紳士は、とても驚き / 声を上げました。「何? セーラクルーだって? あ、何ということだ。やっと / 見つけた。君がセーラ。あの / クルー社長のご令嬢か。」なんとその紳士は / セーラのお父さんの親友で / 仕事仲間だったのです。彼はセーラを探すため / ここ / ロンドンに来たと言います。

「君のお父さん、/ クルー社長はね、亡くなる前 / 私に財産のほとんどを預けていたんだ。私はそれを / 彼のご遺族である、セーラ、君に渡すために来た。辛い思いをさせてすまなかったね。さあ、一緒に行こう。これからは / 私が君の家族だ。」こうしてセーラは / もとの大金持ちにもどりました。

そして彼女は学校に帰り、ミンチン校長に / 別れを告げました。「まあ、セーラ、あなたにそんな財産が…。ね、ねえ、セーラ。色々あったけど、私、あなたを愛していたのよ。もう一度、ここで一緒にお勉強しましょう。ね、ね? またみんなで / お姫さまみたいに暮らしましょうよ。」「ミンチン校長、私何も変わっていません。以前も、今も、どんなにひもじくても、どんなにお腹が空いても、心だけはお姫さまでいよう、そう思っていました。」

そうしてセーラは / 学校を去りました。馬車が学校を離れるとき、ミンチン校長は / それはそれは悔しがったと言います。そしてセーラは / ふと何かを思いつくと / パン屋に立ち寄りました。そして、主人にたくさんのお金を

渡すと / こう言ったのです。「もしお腹を空かせた子供がいたら、このお金で / その子たちにパンをあげてください。足りなくなったら、私宛てに請求をしてください。心まで、飢えさせてはいけません。」

　　その話は / ロンドン中に知れ渡りました。そして / いつしか人々は/彼女をこう呼ぶようになりました。優しく / 気高い / 王女のような心を持った少女、小公女セーラ / と…。

〈終り〉

● 본문에 나오는 문화어를 인터넷에서 검색합시다.
　小公女、紳士、女学校、お姫さま

● 본문을 포즈 표시에 유의해서 읽고 번역합시다.

줄거리를 파악합시다.

여자 주인공 세라가 여학교에 입학을 한다. 아버지는 다이아몬드 광산을 운영하는 대부호이다. 세라가 입학한 여학교의 교장 선생님은 세라 아버지로부터 거액의 기부금을 받으려고 안간힘을 쓴다. 그러나 세라의 아버지의 갑작스런 죽음으로 기부금을 받지 못하게 된 교장 선생님은 세라를 학생이 아닌 하녀로 대한다. 아무리 배가 고프고 힘이 들어도 마음만은 공주로 지내고자 애쓰는 주인공 세라는 아버지가 남겨준 재산으로 재기를 한다. 한때 힘들었던 생활을 통해서 가난한 사람들을 돌볼 줄 아는 심성을 지닌 훌륭한 사람으로 거듭난다는 내용의 이야기이다.

아래의 단어(연어)에 해당하는 히라가나와 그 뜻을 써 봅시다.

단어	히라가나	뜻
お腹		
離れる		
名門		
転校		
満面		
賢い		
目当て		
大金持ち		
物知り		
父上		
祝う		
訃報		
恭しい		
家具		
戸惑う		
屋根裏部屋		
見下す		
次第だ		
負ける		
頼む		
話しかける		
お嬢さん		
拾う		
香ばしい		

단어

단어	히라가나	뜻
ごちそう		
裸足		
気絶		
偶然		
始終		
令嬢		
親友		
預ける		
別れ		
請求		
私宛て		
気高い		
お姫さま		
平気		
女学校		
出迎える		
笑み		
大歓迎		
鉱山		
寄付金		
人気者		
盛大だ		
閉鎖		
破産		
高価だ		
取り上げる		
告げる		
移す		
身なり		

단어	히라가나	뜻
やせ細る		
お使い		
紳士		
銀貨		
迷う		
焼きたて		
寒空		
震える		
空腹		
背後		
驚く		
仕事仲間		
財産		
遺族		
立ち寄る		
飢える		
知れ渡る		

연어

연어	히라가나	뜻
お腹がす		
セーラを出迎える		
満面の笑み		
気に入る		
鉱山をもつ		
寄付金を引き出す		
学校生活が始まる		
盛大にパーティを開く		
誕生日を祝う		

연어	히라가나	뜻
訃報が届く		
お父さんが亡くなる		
家が破産する		
すべて取り上げる		
戸惑うセーラ		
すべてを告げる		
暮らしが一変する		
セーラを見下す		
お使いを頼む		
お腹を空かせる		
見ず知らずの紳士		
しっかりお金を握らせる		
にっこり笑う		
用事を済ませる		
裸足で震えている少女		
一部始終を聞く		
声を上げる		
別れを告げる		
お姫さまみたいに暮らす		
学校を去る		
パン屋に立ち寄る		
お金を渡す		
ロンドン中に知れ渡る		

본문에 나오는 문법을 이해합시다.

❶ どんなにお腹がすいても、心だけはお姫さまでいよう。

구조

번역

❷ なんて美しい女の子なの?それにとっても賢そう。

구조

번역

❸ たっぷり寄付金を引き出さなきゃね。

구조

번역

❹ やさしく物知りでたちまち学校中の人気者となりました。

구조

번역

❺ お父さんが亡くなり、家も破産したというのです。

구조

번역

❻ これからはここのメードとして働いてもらうよ。

구조

번역

❼ 仲良しだった友だちはセーラを見下すようになったのです。

구조

번역

❽ セーラはお使いを頼まれ、町に出かけました。

구조

번역

❾ 道で拾ったとでも思ってください。

구조

번역

❿ 手にしっかりお金を握らせ、にっこり笑って、去って行きました。

구조

번역

⓫ セーラは用事を済ませると、迷った末、その銀貨でパンを買いました。

구조

번역

⓬ ですが、彼女はそれを食べようとしません。

구조

번역

⓭ セーラは自分も気絶しそうなほど空腹でしたが、

구조

번역

⓮ 辛い思いをさせてすまなかったね。

구조

번역

본문 내용에 관련된 일본어 질문에 일본어로 대답합시다.

❶ セーラがミンチン女学校に入ったのはいつ、何歳の時ですか。

....

❷ 校長先生の名前は何ですか。

....

❸ 校長先生は小公女のことが好きでしたか。

....

❹ 校長先生の目当ては何でしたか。

....

❺ セーラのお父さんは何を所有していましたか。

....

❻ セーラは学校で人気がありましたか。

....

❼ セーラのお父さんが亡くなったのはセーラが何歳の時でしたか。

....

❽ その後、校長先生はセーラの部屋から何を取り上げましたか。

....

❾ その後、セーラはどこに住むようになりましたか。

....

❿ セーラはある紳士から何をもらいましたか。

....

❶ セーラはある紳士からもらったもので何を買いましたか。

⋯⋯⋯

❷ セーラは買ったものを食べましたか。

⋯⋯⋯

❸ セーラにそれをもらった少女はどんなかっこうでしたか。

⋯⋯⋯

❹ その紳士は誰でしたか。

⋯⋯⋯

❺ セーラはその後人々から何と呼ばれるようになりましたか。

⋯⋯⋯

❻ この作品を読んで何を感じましたか。

⋯⋯⋯

7.5

어법에 맞춰 단어(어구)를 정확하게 재배열한 뒤 번역을 하세요.

❶ いつしか　呼ぶように　そして　こう　彼女を　人々は　なりました。

[배치]

[번역]

❷ このお金で　空かせた　もし　あげて　その子たちに　パンを　ください。子供がいたら、お腹を

배치

번역

❸ 何かを　セーラは　思いつくと　パン屋に　そして　ふと　立ち寄りました。

배치

번역

❹ 学校に　彼女は　告げました。帰り、ミンチン校長に　そして　別れを

배치

번역

❺ いたんだ。亡くなる前　君の　お父さん、クルー社長はね、財産のほとんどを　私に　預けて

배치

번역

❻ 親友で　紳士は　お父さんの　仲間だった　セーラの　仕事　その　なんと　のです。

배치

번역

❼ 再び　偶然、背後で　通りかかり、一部始終を　そこに　その　聞いていました。すると、あの紳士が

배치

번역

❽ 裸足で　寒空の下、少女に　セーラは　震えている　話しかけました。

배치

번역

❾ セーラは　そして　その　買いました。銀貨で　用事を　迷った末、パンを　済ませると、

배치

번역

❿ にっこり　セーラの手に　しっかり　お金を　去って　笑って、行きました。紳士は　握らせ、

배치

번역

빈칸 안에 문장 순서를 표시하는 번호를 붙여 봅시다.

❶ 「あ、お姉さん、ありがとう。」すると、そこに偶然、再びあの紳士が通りかかり、背後でその一部始終を聞いていました。

❷ 何?セーラクルーだって?あ、何ということだ。やっと見つけた。

❸ 私はね、セーラ、セーラクルーっていうの。そこのミンチン女学校にいるのよ。

❹ お、なんというやさしい少女だ。自分もあんなにやつれているのに…。ああ、おいしかった。ねえ、お姉さん。名前何ていうの?

❺ 君がセーラ。あのクルー社長のご令嬢か。

❻ なんとその紳士はセーラのお父さんの親友で仕事仲間だったのです。

❼ するとその名前を聞いた紳士は、とても驚き声を上げました。

❽ 彼はセーラを探すためにここロンドンに来たと言います。

❶ どんなにひもじくても、どんなにお腹がすいても心だけはお姫さまで いよう、そう思っていました。〈小公女〉フランシス・エリザ・バーネット

❷ 彼女は明るく、やさしく物知りでたちまち学校中の人気者となりまし た。「結構、結構。すっかりお姫さまだね。オーツと、お父上にもこ のことをお伝えしないとね。寄付金、寄付金。ヒヒヒ。」

❸ ミンチン校長はセーラを大歓迎しました。ですが、決してセーラを気 に入ったわけではありません。ミンチン校長の目当てはセーラのお金 でした。セーラのお父さんはダイヤモンド鉱山をもつ大金持ちなので す。「いい金づるだ。たっぷり寄付金を引き出さなきゃね。」その日か らセーラの学校生活が始まりました。そしてそれはとても楽しい毎日 でした。

❹ 「お父さま、私ここでたくさん勉強するわ。離れていても平気。お父 さまはいつも私の心の中にいるんですもの。」冬のある日、10歳のセ ーラはロンドンの名門、ミンチン女学校に転校してきました。これか らセーラはお父さんと離れ、ここで勉強するのです。校長のミンチン

はセーラを出迎え、満面の笑みで言いました。「初めまして。私が校長のミンチンです。まあ、まあ、なんて美しい女の子なの?それにとっても賢そう。」

일본어로 토론하고 독후감을 적어 봅시다.

Unit 8

こころ

1914年

1867年～1916年

夏目漱石 作

きくドラ 脚色

　私は死ぬ前に / たった一人でいいから / 人を信用して死にたい。あなたは / そのたった一人に / なってくれますか。

〈こころ〉夏目漱石

　どんな善人も / ふとしたことで / 悪人に変わる。私は親からの遺産をめぐり / 親戚たちから裏切られました。彼らは親切を装い / 私の財産を騙し取っていたのです。それから / 私は故郷を捨て / 東京の大学に入りました。
　「まあ、それはお辛かったでしょう。大変なご苦労なさったのね。」「ほんとにあんまりですわ。どうか / 私で良ければいつでも頼ってくださいね。」ですが、東京で / 心から信じられる人と出会いました。それは / 下宿先の奥さんと / そのお嬢さんです。「ね、一緒にお茶でもいかが? お菓子を買ってきましたの。お勉強ばかりでは体にさわりますよ。ね、 / フフフ。」「まあ、この子は!」「フフフ」「ほんとに / あなたが来てくれてよかった。」
　私たちは / よく談笑し、よく遊びに出かけました。「フフフ...」着飾り、化粧をしたお嬢さんは / 実に美しく / 誰もが振り返りました。私はいつしかお嬢さんに / 信仰にも近い / 愛情を抱いていたのです。
　「お～い。お前。女と住んでいるそうだな。女から何か知識や学問を学べるのか。精神的に向上心のない奴は / 馬鹿だぞ。」そしてもう一人 / 私

の心を癒した友がいました。大学の同級生で / 名前は / 仮に / ケイとして
おきましょう。ケイとわたしは / 似たような境遇でした。彼もまた / 親族
と絶縁し / 孤独だったのです。「おれは / おれの道のために / 精進してい
る。学問だけではない。おれは / おれの意志、 / 存在を高めたいのだ。ケ
イは / 寺の息子でした。私は / 彼の克己心に / 心から惹かれていました。
ですが、かれはあまりに孤高でした。彼は私の他、頼る人がいなかったの
です。私は / 哀れなケイを / 救ってやりたいと思いました。

　「すると、そのご学友もこの家に? 私は反対ですよ。男をもう一人なん
て。きっと / あなたのためになりません。」私は / ケイと暮すことにしまし
た。彼と共に学び、向上したかったのです。ですが、奥さんは少し / いや
な顔をしました。

　「ねえ、ケイさんって変わった人ね。でも / とってもおもしろいのよ。」
無口なケイに / お嬢さんはよく / 話しかけてくれました。もっとも / 私が
お嬢さんに頼んでいたのですが。「ねえ、ケイさん。寒くはない?」「寒いで
す。」「じゃ / 火鉢をお持ちしましょう。」「要りません。」「まあ / 寒くはな
くって?」「寒いけど、要らんのです。」「まあ、ハハハ。」「何が / おかしい
のです?」お嬢さんは / よく笑う人でした。ですが、その時から / 私の中で
/ ケイに対する / ほの暗い感情が一つ / 芽生え始めたのです。

　ある日 / 私が大学から帰ったときのことです。「フフフ。あら、お帰り

なさい。」「おそかったな。」ケイとお嬢さんが / 二人っきりで話していました。そんなことが / 二三度続いたのです。

　「女というのは、そう / 軽蔑したものではないな。」ケイの態度に / 変化が現われました。それは / 好ましいはずだったのですが、私の心は / ざわつきました。そして / 奥さんとお嬢さんが留守の / ある日のこと、珍しく / ケイが私の部屋に来ました。「なあ、お嬢さんは / いつごろ帰るんだ。どこに行ったんだ。」その日のケイは / いつもと様子が違って / いました。「お嬢さんは / そろそろ卒業か。卒業してから / どうするんだ?なあ、/ お前知らないか。」ケイは / お嬢さんのことばかり聞いてきました。私は思わず / なぜそんなにお嬢さんのことをきくのか / 尋ねました。「おれは / お嬢さんが好きだ。」

　ケイのその言葉によって / 私の体は / ある / 一つのかたまりと化しました。「まだ / お嬢さんにも / 奥さんにも / 打ち明けていない。おれは苦しい。苦しくてたまらんのだ。なあ、おれはどうすればいい?」まっすぐなケイに対し / 私は / 卑怯でした。自分も / お嬢さんが好きだと / 告白すべきだったのです。ですが私は / ケイの私に対する信頼と / 日頃の主張をたてに / 彼に喰らい付きました。

　「精神的に向上心のない奴は / 馬鹿だぞ。大体、お前の精進とやらは / どうなる? 道は? お前に / その覚悟があるのか。」「覚悟 / か。覚悟なら / な

いこともない。」それから / ケイは自分の部屋に戻り / 沈黙しました。覚悟。ケイの覚悟とは / 何なのでしょう。私は焦りました。焦って / 最も狡猾な手段に出ました。

翌日 / 奥さんに / お嬢さんを嫁にくれるよう / 頼んだのです。「え、ようござんす。あなたにならよろこんでさしあげましょう。なぁに / あの子の気持ちは私が一番よくわかっています。」奥さんは / 実に呆気なく / 了解してくれました。

ですが、私はケイに負けたのです。私はすぐに / 彼に手をついて告白し/謝るべきでした。しかしその機会は / 永遠に / 失われたのです。「ねえ、あなたよくないじゃありませんか。なぜケイさんに結婚のことを伝えないのです?私が教えたら / 変な顔をしていましたよ。」

それから私は / 軽蔑を恐れ、ケイを避けてしまいました。そしてそのうち、奥さんがすべてを打ち明けてしまったのです。ケイは / 奥さんに / こういったそうです。「そうですか。おめでとうございます。お祝いをあげたいが / 金がないので / 何もあげられません。」ケイは立派でした。それを知ってからも / 私に対する態度は / 全く変わりませんでした。

そして / 土曜日の夜明け、ケイは / 自分の部屋で / 自ら / 命を絶ちました。「覚悟なら / ないこともない。」「ハ、しまった。もう取り返しがつかない。」黒い光が / 一瞬で私の未来を貫き / 全生涯を照らしました。その時 / 私

は気づいたのです。私も結局 / 私を欺き / 裏切った / あの親類と同じだった
ことを。この世に何かを働き掛ける資格など / 持っていないことを…。

　　それから半年後、私とお嬢さんは / 結婚しました。「ね、あなたは一体
何を恐れていらっしゃるの? なぜ何も教えてくださらないの?」あの日から
/ 私は人を信じず、自分自身も信じず / 死ぬように / 生きています。です
が、私は / 死ぬ前に / たった一人でいい。人を / 信用したい。すべてを打
ち明けたい。そう / 思っています。あなたは / そのたった一人に / なって
くれますか。

〈終り〉

● 본문에 나오는 문화어를 인터넷에서 검색합시다.
　小公女、紳士、女学校、お姫さま

● 포즈 표시에 유의하면서 본문을 읽고 번역합시다.

줄거리를 파악합시다.

　　인간에 대한 불신에 사로잡혀 그 누구도 신뢰할 수 없는 주인공. 그러던 그가 친구와 하숙을 같이 하면서 평소 자신이 흠모해 오던 하숙집 딸을 사랑하는 친구의 모습을 보고 경악을 금치 못한다. 결국 다급한 마음에 그녀의 모친으로부터 하숙집 딸과의 결혼을 승낙을 받게 되는데 이 사실을 안 친구는 자살을 택한다. 친구의 죽음을 통해 자신도 결국은 남에게 신뢰를 받지 못하는 별 수 없는 인간임을 깨닫고는 절규한다.

아래의 단어(연어)에 해당하는 히라가나와 그 뜻을 써 봅시다.

단어	히라가나	뜻
信用		
悪人		
親		
めぐる		
裏切る		
財産		
故郷		
辛い		
出会う		
談笑		
信仰		
馬鹿		
癒す		
境遇		
絶縁		
精進		
克己心		
頼る		
無口だ		
芽生える		
軽蔑		
様子		
打ち明ける		
日頃		

단어

단어	히라가나	뜻
主張		
覚悟		
狡猾だ		
呆気ない		
謝る		
立派		
お祝い		
取り返し		
全生涯		
結局		
資格		
恐れる		
善人		
変わる		
遺産		
親戚		
装う		
騙し取る		
捨てる		
苦労		
下宿先		
着飾る		
愛情		
奴		
同級生		
親族		
孤独		
寺の息子		
孤高		

단어	히라가나	뜻
救う		
火鉢		
留守		
尋ねる		
卑怯		
食らい付く		
向上心		
焦る		
翌日		
了解		
軽蔑		
避ける		
夜明け		
貫く		
気づく		
欺く		
半年後		
自分自身		

연어	히라가나	뜻
ふとしたことで悪人に変わる		
遺産をめぐる		
親戚たちに裏切られる		
親切を装う		
財産を騙し取る		
故郷を捨てる		
東京の大学に入る		
心から信じられる人		
体にさわる		

연어

연어	히라가나	뜻
遊びに出かける		
化粧をする		
信仰に近い愛情		
愛情を抱く		
心を癒す		
存在を高める		
心から惹かれる		
頼る人		
哀れな人を救ってやりたい		
いやな顔をする		
ある感情が芽生える		
変化が現われる		
心がざわつく		
いつもと様子が違う		
狡猾な手段に出る		
呆気なく了解する		
彼に手をつく		
機会を失う		
変な顔をする		
軽蔑を恐れる		
すべてを打ち明ける		
お祝いをあげる		
態度が変わる		
命を絶つ		
取り返しがつかない		
未来を貫く		
全生涯を照らす		
私を欺く		

❶ 私は親からの遺産をめぐり親戚たちから裏切られました。

> 구조
>
> 번역

❷ どうか私で良ければいつでも頼ってくださいね。

> 구조
>
> 번역

❸ お～い。お前。女と住んでいるそうだな。

> 구조
>
> 번역

❹ 女から何か知識や学問を学べるのか。

> 구조
>
> 번역

❺ 私は彼の克己心に心から惹かれていました。

구조

번역

❻ じゃ火鉢をお持ちしましょう。

구조

번역

❼ ケイのその言葉によって私の体はある一つのかたまりと化しました。

구조

번역

❽ まだお嬢さんにも奥さんにも打ち明けていない。

구조

번역

❾ ケイの私に対する信頼と日頃の主張をたてに彼に喰らい付きました。

구조

번역

❿ お前の精進とやらはどうなる?

구조

번역

⓫ 私が教えたら変な顔をしていましたよ。

구조

번역

⓬ お祝いをあげたいが金がないので何もあげられません。

구조

번역

⓭ ね、あなたは一体何を恐れていらっしゃるの?

구조

번역

본문 내용에 관련된 일본어 질문에 일본어로 대답합시다.

❶ 主人公が死ぬ前にしたいことは何ですか。

....

❷ 親戚たちはどうして主人公を裏切りましたか。

....

❸ 主人公は故郷を捨て、どこへ行きましたか。

....

❹ 主人公が心から信じられる人と出会ったのは誰ですか。

....

❺ 下宿先のお嬢さんはどれほどきれいでしたか。

....

❻ 主人公は下宿先のお嬢さんのことがどれほど好きでしたか。

....

❼ 主人公の友だちは主人公に普段なんと言いましたか。

....

❽ 主人公の友だちはお父さんの仕事は何ですか。

....

❾ 下宿の奥さんは主人公の友だちが下宿するのに賛成しましたか、それとも反対しましたか。

....

❿ 主人公の友だちはお嬢さんのことが好きでしたか。

....

⑪ 主人公の友だちは、お嬢さんと奥さんに自分の気持ちを打ち明けましたか。

⑫ 下宿先の奥さんは自分の娘と主人公との結婚に賛成しましたか、反対しましたか。

⑬ 主人公は友達に自分とお嬢さんとの結婚を打ち明けましたか。

⑭ この作品を読んで何を感じましたか。

8.5

어법에 맞춰 단어(어구)를 정확하게 재배열한 뒤 번역을 하세요.

❶ 私は　信頼と　対する　日頃の主張を　彼に　私に　たてに　喰らい付きました。ケイの　ですが

배치

번역

❷ その　私の　ある　かたまりと　体は　ケイの　一つの　化しました。言葉によって

배치

번역

❸ 私は　なぜ　思わず　そんなに　きくのか　お嬢さんのことを　尋ねました。

배치

번역

❹ 来ました。お嬢さんが　留守の　ある日の　そして　珍しく　私　の　ケイが　こと、部屋に　奥さんと

배치

번역

❺ はずだった　好ましい　私の　のですが、それは　ざわつきました。心は

배치

번역

❻ 私の中で　のです。ケイに　ですが、一つ　感情が　対する　芽生え　始めた　その時から　ほの暗い

배치

번역

❼ ケイに　お嬢さんは　無口な　くれました。話しかけて　よく

배치

번역

❽ 私は　お嬢さんに　いつしか　近い　愛情を　信仰にも　です。抱いていたの

배치

번역

⑨ めぐり　私は　遺産を　裏切られました。親からの　親戚たちから

배치

번역

⑩ 私は　一人で　死ぬ前に　たった　信用して　いいから　死にたい。
　　人を

배치

번역

8.6

빈칸 안에 문장 순서를 표시하는 번호를 붙여 봅시다.

❶「すると、ご学友もこの家に?私は反対ですよ。男をもう一人なんて。
　きっとあなたのためになりません。」

❷ ですが、奥さんは少しいやな顔をしました。「ねえ、ケイさんって変
　わった人ね。でもとってもおもしろいのよ。」

❸ 私はケイと暮すことにしました。彼と共に学び、向上したかったのです。

❹「ねえ、ケイさん。寒くはない?」「寒いです。」「じゃ火鉢をお持ちし
　ましょう。」「要りません。」「まあ寒くはなくって?」

❺ 無口なケイにお嬢さんはよく話しかけてくれました。もっとも私がお嬢さんに頼んでいたのですが。

❻ 「何がおかしいのです?」お嬢さんはよく笑う人でした。

❼ 「寒いけど、要らんのです。」「まあ、ハハ。」

❽ ですが、その時から私の中でケイに対するほの暗い感情が一つ芽生え始めたのです。

8.7

빈칸에 문단 순서를 표시하는 번호를 붙여 봅시다.

❶ 私は死ぬ前にたった一人でいいから人を信用して死にたい。あなたはそのたった一人になってくれますか。〈こころ〉夏目漱石 どんな善人もふとしたことで悪人に変わる。

❷ 私は親からの遺産をめぐり親戚たちから裏切られました。彼らは親切を装い私の財産を騙し取ていたのです。それから私は故郷を捨て東京の大学に入りました。

❸ 「まあ、それはお辛かったでしょう。大変なご苦労なさったのね。」「ほんとにあんまりですわ。どうか私で良ければいつでも頼ってくだ

さいね。」ですが、東京で心から信じられる人と出会いました。それは下宿先の奥さんとそのお嬢さんです。「ね、一緒にお茶でもいかが？お菓子を買ってきましたの。お勉強ばかりでは体にさわりますよ。ね、フフフ。」「まあ、この子は!」「フフフ」「ほんとにあなたが来てくれてよかった。」

❹ 私たちはよく談笑し、よく遊びに出かけました。「フフフ...」着飾り、化粧をしたお嬢さんは実に美しく誰もが振り返りました。私はいつしかお嬢さんに信仰にも近い愛情を抱いていたのです。

일본어로 토론하고 독후감을 적어 봅시다.

Unit 9

漱石先生と私

1953年

1885年~1965年

中勘助 作

きくドラ 脚色

「おーい、聞いたか。新しい英語の先生は、イギリス帰りだとさ。」
「おー、聞いた。聞いた。」「何でも発音は完璧だが、大層な皮肉屋で / 生徒
をこっ酷く痛めつけるらしいな。」「らしい。おてやわらかに願いたいよ。」
「何だって。参ったな。」

「初めまして。本日より諸君らの英語を担当する / 新任教諭の / 夏目 /
金之助です。」「何だい?思ったより / 小柄だし痩せているな。それに / 随分
と神経質そうな人だ。」「では、早速始めましょう。教材は / サミュエル·ジョ
ンソン、ラセラス。」

「漱石先生と私」 中勘助 作

「では、一つ訳してもらうかな。そうだな、中君に頼もうか。」「あ、
はい。」「さてと、さあ、中君。君ならこのセンテンスをどう訳す?」「な、
なんだって?アイラブユー?バカにしてるのか。」「どうしました。そんな
に難しいですか。」「い、いえ。私は / あなたを、その / 懸想しています。」
「違いますよ、中君。そんな日本語がありますか。」「あ、はい?」「これは
ね、月がとっても青いですね、と訳さなくちゃいけません。」「え?」「日本
人は好きだとはダイレクトに言わないものですからね。」「あ、ああ。」万事
がこの調子の先生であった。

私は / しょっちゅうやり玉にあげられたものだが、しかし、不思議と少しも嫌な感じはしなかった。私は翌年、一高から帝大に進んだが、引き続き / 先生の講義を受けることとなった。先生が英語教師、夏目金之助としてでなく、もう一つの名で / にわかに著名になったのは / 私が帝大の２年か３年 / すでに先生の手を離れてからである。日露の戦に勝利したころ、例の猫が / 大評判をとったのである。「吾輩は猫である」

　名前はまだないか。フフ、俗っぽい本だ。先生のよさが / 少しも出ていないじゃないか。猫に対する / 私の評価はさんざんであった。私は / 時折講義で見せる、なにか / 人を笑わすようなことを言ったとき、あごに梅干をこさえ、自身はぐっと笑いをかみ殺したような表情をする、そんな金之助先生が好きだった。私が漱石としての先生の作品を評価したことは / 実は一度もないのだ。だが、ずっと後になって、私自身がものを書くようになってから。

　「先生、ご無沙汰しております。中です。」「おお、中君。」顔色が悪い。お痩せになられた。やはり / 先年患われた、胃潰瘍がよくないのだ。」「どうしましたか。中君。私はそれほど / 不健康に見えますか。」「え、いえ、先生。お痩せになられましたか。」「アハ、君ほどではありません。」「ア、ハア、私も/肺をやりましたもので…。」「お互い / 同じ時期に伏せっていたわけですね。」「ハア、そうなります。」

「時に、中君。銀の匙を読みました。あれはいい。」「オー / はい、そうですか。あれをお読みになった。へえ。褒めおごしを…。」「やあ、いいものだよ。ただ、すこし仮名が多いね。内容もやや平面的というか。いや、おおむね良いのだが…。」「そう、そうですか。」「それで中君、/ 君を呼んだ理由ですが…。」「あ、/ はい。」「いろいろと大変だったようですね。お兄さんが倒れられたり、妹さんが亡くなられたり…。」「え、いいえ、私事で…。」

　「そのなかで、銀の匙を書かれた。」「あ、はあ。」「実は / 朝日の私の連載がもうじき終わるのですが、その次に載る予定の / 与謝野さんのがなか / なかあがらないのです。」「はあ、与謝野晶子女史ですか。」「それで / 中君、銀の匙を / その次の連載にするように / 推挙しておきました。」「あ、せ、先生。」「あなたは、あの作品を自身の中では評価してないようだが、何度も言ったように、あれは良いものだから…。」「先生。」朝日新聞に載った、銀の匙の評価は / 芳しいものばかりではなかった。しかし、そんななか / 先生が擁護の論陣を張られていたことは / のちに知った。それから、先生は再び健康を害され…。

　「ごめんください。」「おや、中君。」これは寺田さん。その日の先客は / 先生の弟子筋でも筆頭の、寺田虎顔先生であった。「誰か、来たのかね。」「漱石先生、中君です。」「おお、中君。寺田さん、通してください。」「はい、さあさあさあ / 中君、奥へ。」「あ、はい。」「やれやれ。中君。君は相変

わらず面会日を守らない。私が面会日以外に会うのは、君と / 寺田さんくら
いだよ。」「きょ、恐縮です。先生、髪が真っ白に…。」「銀の匙は / 今でも /
君の中では低いままかね。」「いえ、この頃は / 少し…。」「フーン、そうでしょ
う。あれはいいものです。あれは…。」

　　　元気な先生を見たのは / それが最後であった。私は並み居る先生の弟
子たちの中では / 末席に過ぎないが、気心は / 通じていたのではないかと
思っている。私と先生には / 似たところがあった。それから、またしばら
くして…。「中先生。中勘助先生。これは / 夏目家の…。すぐ / お越しになっ
てください。表に車を…。」「ハ、はい。」先生の息のあるうちに駆け付け
た弟子の中では / 私が最後であった。

＜終り＞

● 본문에 나오는 문화어를 인터넷에서 검색합시다.
　夏目漱石、皮肉屋、教諭、帝大、猫、梅干、銀の匙、
　与謝野晶子、寺田虎顔、末席

● 포즈 표시에 유의하면서 본문을 읽고 번역합시다.

줄거리를 파악합시다.

주인공이 일본의 대문호인 나쓰메 소세키를 처음 만난 것은 나쓰메 소세키가 영어교사로 부임해 왔을 때이다. 소문과는 달리 온화하고 유머러스한 나쓰메 소세키 선생님의 인품에 점차 매료되어 간다. 대학에 진학하고 나서도 계속해서 나쓰메 소세키 선생님의 문하생으로서 지내면서 선생님으로부터 자신의 작품을 인정받는다.

아래의 단어(연어)에 해당하는 히라가나와 그 뜻을 써 봅시다.

단어	히라가나	뜻
完璧だ		
皮肉屋		
諸君		
新任		
小柄		
随分		
早速		
頼む		
万事		
やり玉		
翌年		
帝大		
講義		
日露の戦		
大評判		
評価		
講義		
かみ殺す		
ご無沙汰		
痩せる		
胃潰瘍		
時期		
銀の匙		
載る		

단어

단어	히라가나	뜻
推挙		
芳ばしい		
再び		
害する		
弟子筋		
相変わらず		
恐縮		
気心		
大層だ		
痛めつける		
担当		
教諭		
痩せる		
神経質		
訳す		
懸想		
調子		
不思議		
一高		
引き続き		
著名		
勝利		
俗っぽい		
時折		
梅干		
表情		
顔色		
患う		
肺		

단어	히라가나	뜻
伏せる		
仮名		
連載		
朝日新聞		
擁護の論陣		
健康		
先客		
筆頭		
面会日		
並み居る		
駆け付ける		

연어	히라가나	뜻
イギリス帰り		
生徒を痛めつける		
英語を担当する		
思ったより		
バカにする		
ダイレクトに言う		
いやな感じがする		
やり玉にあげる		
帝大に進む		
講義を受ける		
先生の手を離れる		
大評判をとる		
人を笑わす		
梅干をこさえる		

연어

연어	히라가나	뜻
笑いをかみ殺す		
表情をする		
ものを書く		
不健康に見える		
肺をやる		
同じ時期に伏せる		
お兄さんが倒れる		
擁護の論陣を張る		
健康を害する		
面会日を守る		
気心が通じる		

9.3

본문에 나오는 문법을 이해합시다.

❶ 大層な皮肉屋で生徒をこっ酷く痛めつけるらしいな。

구조	
번역	

❷ 思ったより小柄だし痩せているな。

> 구조
>
> 번역

❸ さあ、中君。君ならこのセンテンスをどう訳す?

> 구조
>
> 번역

❹ 月がとっても青いですね、と訳さなくちゃいけません。

> 구조
>
> 번역

❺ 私はしょっちゅうやり玉にあげられたものだが、しかし、不思議と少しも嫌な感じはしなかった。

> 구조
>
> 번역

❻ お痩せになられた。

> 구조
>
> 번역

❼ いえ、先生。お痩せになられましたか。

구조

번역

❽ お兄さんが倒れられたり、妹さんが亡くなられたり…。

구조

번역

❾ そんななか、先生が擁護の論陣を張られていたことは、のちに知った。

구조

번역

9.4

본문 내용에 관련된 일본어 질문에 일본어로 대답합시다.

❶ 新しく赴任してきた先生は何の先生でしたか。

....

❷ その先生は最近どこの国から帰国しましたか。

....

❸ その先生の名前は何でしたか。

....

❹ その先生は体が大きいですか、小さいですか。

....

❺ その先生は太っていますか、痩せていますか。

....

❻ 先生は英語のI love youを日本語で何と訳さなければならないと言いましたか。

....

❼ 主人公は一高を卒業してどこの大学に入りましたか。

....

❽ 日露戦争以降、大評判をとった先生の作品名は何ですか。

....

❾ 主人公が書いた作品名は何ですか。漱石先生は主人公の作品をどう思いましたか。

....

❿ 先生の弟子のなかで一番認められていた人は誰でしたか。

....

⓫ 漱石先生が面会日以外に会うのは誰と誰でしたか。

....

⓬ この作品を読んで何を感じましたか。

....

❶ ある　先生の　うちに　息の　弟子の　駆け付けた　中では　最後で
あった。私が

배치

번역

❷ 私は　末席に　並み居る　先生の　中では　ではないかと　弟子たち
の　過ぎないが、思っている。気心は　通じていたの

배치

번역

❸ 以外に　私が　面会日　君と　会うのは、くらいだよ。寺田さん

배치

번역

❹ であった。先生の　先客は　筆頭の、その日の　弟子筋でも　寺田虎顔先生

배치

번역

❺ しかし、知った。先生が　論陣を　擁護の　なか　そんな　張られて
いたことは　のちに

배치

번역

❻ 載った、評価は　銀の匙の　ばかり　芳しいもの　朝日新聞に　ではなかった。

배치

번역

❼ 中君、銀の匙を　その　ように　それで　推挙して　次の　する　連
載に　おきました。

배치

번역

❽ なかなか　朝日の　予定の　もうじき　載る　その次に　実は　与謝
野さんのが　私の連載が　終わるのですが、あがらないのです。

배치

번역

❾ ものを　ずっと　だが、私自身が　書くように　後になって、なってから。

배치

번역

❿ 引き続き　受けること　先生の　進んだが、講義を　一高から　私は　翌年、帝大に　となった。

배치

번역

9.6

빈칸 안에 문장 순서를 표시하는 번호를 붙여 봅시다.

❶「おーい、聞いたか。新しい英語の先生は、イギリス帰りだとさ。」

❷「らしい。おてやわらかに願いたいよ。」「何だって、参ったな。」

❸「おー、聞いた、聞いた。」「何でも発音は完璧だが、大層な皮肉屋で生徒をこっ酷く痛めつけるらしいな。」

❹「初めまして、本日より諸君らの英語を担当する新任教諭の夏目金之助です。」

❺「では、早速、始めましょう。

❻教材はサミュエル・ジョンソン、ラセラス。」

❼「何だい?思ったより小柄だし痩せているな。それに随分と神経質そうな人だ。」

빈칸에 문단 순서를 표시하는 번호를 붙여 봅시다.

❶ 私はしょっちゅうやり玉にあげられたものだが、しかし、不思議と少しも嫌な感じはしなかった。私は翌年、一高から帝大に進んだが、引き続き先生の講義を受けることとなった。先生が英語教師、夏目金之助としてでなく、もう一つの名でにわかに著名になったのは私が帝大の２年か３年すでに先生の手を離れてからである。日露の戦に勝利したころ、例の猫が大評判をとったのである。「吾輩は猫である」

❷ 「では、一つ訳してもらうかな。そうだな、中君に頼もうか。」「はい。」「さてと、さあ、中君。君ならこのセンテンスをどう訳す?」「な、なんだって?アイラブユー?バカにしてるのか。」「どうしました。そんなに難しいですか。」「い、いえ。私はあなたを、その懸想しています。」「違いますよ、中君。そんな日本語がありますか。」「はい?」「これはね、月がとっても青いですね、と訳さなくちゃいけません。」「え?」「日本人は好きだとはダイレクトに言わないものですからね。」「あ、ああ。」万事がこの調子の先生であった。

❸ 名前はまだないか。フフ、俗っぽい本だ。先生のよさが少しも出ていないじゃないか。猫に対する私の評価はさんざんであった。私は時折

講義で見せる、なにか人を笑わすようなことを言ったとき、あごに梅干をこさえ、自身はぐっと笑いをかみ殺したような表情をする、そんな金之助先生が好きだった。私が漱石としての先生の作品を評価したことは実は一度もないのだ。だが、ずっと後になって、私自身がものを書くようになってから。

❹ 「おーい、聞いたか。新しい英語の先生は、イギリス帰りだとさ。」「おー、聞いた。聞いた。」「何でも発音は完璧だが、大層な皮肉屋で生徒をこっ酷く痛めつけるらしいな。」「らしい。おてやわらかに願いたいよ。」「何だって、参ったな。」「初めまして、本日より諸君らの英語を担当する新任教諭の夏目金之助です。」「何だい?思ったより小柄だし痩せているな。それに随分と神経質そうな人だ。」「では、早速、始めましょう。教材はサミュエル・ジョンソン、ラセラス。」中勘助作、「漱石先生と私」

9.8

일본어로 토론하고 독후감을 적어 봅시다.

Unit 10

野菊の墓

1906年

1864年～1913年

伊藤左千夫 作

きくドラ 脚色

正夫の家には / 民子という / 従妹の女の子がいた。「正夫さん、お部屋を掃除しますよ。」「民さん、ありがとう。」「正夫さん、障子をはたきますよ。」「はい、民さん、お願い。」「正夫さん、手習いがしたいの。」「ウン、来い来い。」二人は一緒にいるのが / 何より好きだった。しかし、母はいつも二人を叱った。

「また、民子は正夫さんの部屋へ行って。こら、勉強の邪魔をしちゃいかんがね。全く民子は年上のくせに。」民子は / あれこれと口実を作っては / 正夫の部屋に来た。正夫も / 民子が来ない日はなんとなく寂しく / 物足りない。「フフフ、ハハハ。」だが、当人たちは無邪気でも / 世間は / かれこれ噂をするようになった。

「いいかい。お前らの仲が良すぎると言って、/ 人がかれこれ言うそうじゃ。やい民子、お前はもう / 正夫さんのところへ行っちゃいかん。」民子は / 真っ赤になってうつむいている。「そりゃ、あんまりです。人がなんと言ったって、僕らは何も悪いことをしていません。」「知ってるがね、/ ただ、人がうるさいから気をつけろというんじゃ。」「正夫さん。」「民さん。」無邪気だった二人、だが、この言葉をきっかけに、ある感情が芽生えてしまった。

そして / ある日の4時過ぎ、正夫は母の言いつけで / 畑の茄子をもいでいた。するとそこに / たまたま / 民子が通りかかった。「正夫さん。」「あ、

民さん、どうしたの。」「お使いの帰りなの。正夫さんがいるなんて、思わなかった。」「そう、じゃ / 一緒に帰ろうか。」「ウン。」二人は黙って歩いた。ここ数日、ろくに会話をしていなかったから、何を話せばいいかわからない。だが、何かを話さなければならない気がした。

　そう思って歩くうち、正夫は道に / 白く可憐な花を見つけた。それは / 野菊であった。正夫はものを置いて野菊の花を / 一握りとった。「民さん、これ。」「あら、正夫さん、どうしたの。」「まあ、きれいな野菊。正夫さん、私野菊が好きよ。」「僕もさ、僕も / 野菊が大好き。」「民さんも / 野菊が好き。」「私、きっと野菊の生まれ変わりよ。野菊を見ると、とっても愛しくなるの。自分でも不思議なくらい。」「道理で/民さんは/野菊のような人だ。」「まあ、どうしてなの?」「さあ、どうしてってことはないけど。」「それで / 正夫さんも / 野菊が…。」「僕、大好きさ。」偶然に起こった問答は、お互いの胸に / 強く残った。いつまでも / いつまでも…。

　だが、二人に芽生えた恋は / 世間体を気にした大人によって引き裂かれてしまった。親は / 正夫を町の学校に、民子を / よその家に嫁がせたのである。「いやです。民は / 嫁になど行きません。」「聞き分けるがね。正夫とは結婚できんのじゃ。」正夫はこの知らせを学校で知った。だが彼の心は / 自分でも不思議なほど平穏であった。「嫁に行こうが、どうしようが、民さんは民さんだ。僕の心は / 変わらない。きっと / 民さんもそうだ。」そう

思い、勉強に励んだ。そして数か月後、家から正夫に / 電報が届いた。「スグ、カエレ。」正夫は急いで家に帰った。「正夫さん。か、堪忍しておくれ。私が、私が殺したようなもんだ。」民子は / 帰らぬ人となっていた。

　結婚して半年後、子供を流産してしまい、そのまま息を引き取ったそうだ。「母さん、可愛がってもらったご恩は / 忘れません。私は / 死ぬのが本望です。死ねば / それでよいのです。」それが/民子の最後の言葉だった。「それから、正夫さん。あんたの名前を何度も / 何度も / 呼ぶんじゃ。こんなことなら、あんたと一緒に、ハア…。」

　「お母さん。よくわかりました。僕は民さんの心をよく知っています。どんなことがあろうと、民さんを想う気持ちは変わりません。きっと/何もかも、決まった縁だったのです。では、僕は当分毎日 / お墓へ参ります。」正夫は / 家を出て泣いた。果てしのないほど / 泣いた。

　その後 / 正夫は7日間毎日民子の墓に通った。そして / その墓の周囲に / 一面の野菊を植えた。民子が愛した、あの野菊を…。「私、きっと野菊の生まれ変わりよ。野菊を見ると、とっても愛しくなるの。」「僕も / 大好きさ。」

〈終り〉

● 본문에 나오는 문화어를 인터넷에서 검색합시다.

伊藤左千夫、障子、無邪気、野菊、嫁

● 포즈 표시에 유의하면서 본문을 읽고 번역합시다.

　　어린 남녀의 순수한 사랑을 그린 이야기이다. 둘은 너무나도 애틋하고 각별한 사이였지만 사촌이었기에 세간의 이목을 두려워한 부모가 여자 주인공을 결혼시켜 이들을 떼어 놓는다. 하지만 여자 주인공은 아이를 유산하고는 그 후유증으로 숨을 거두게 된다. 여자 주인공의 무덤을 찾은 남자 주인공은 평소 여자 주인공이 좋아하던 들국화를 무덤 주위에 심는다.

아래의 단어(연어)에 해당하는 히라가나와 그 뜻을 각 빈칸에 써 봅시다.

단어	히라가나	뜻
従妹		
障子		
叱る		
年上		
物足りない		
無邪気		
噂		
言葉		
茄子		
お使い		
可憐だ		
野菊		
道理で		
問答		
引き裂く		
聞き分ける		
平穏		
数か月		
届く		
流産		
引き取る		
本望		
当分		
植える		

단어	히라가나	뜻
愛しい		
掃除		
手習い		
邪魔		
口実		
当人		
世間		
無邪気だ		
言いつけ		
もぐ		
数日		
見つける		
一握り		
偶然		
世間体		
嫁ぐ		
知らせ		
励む		
電報		
堪忍		
息		
ご恩		
縁		
周囲		
生まれ変わり		

연어	히라가나	뜻
障子をはたく		
二人を叱る		
邪魔をする		
口実を作る		
噂をする		
仲が良い		
悪いことをする		
気をつける		
この言葉をきっかけに		
ある感情が芽生える		
茄子をもぐ		
黙って歩く		
気がする		
白く可憐な花を見つける		
花を一握りとる		
偶然に起こる		
胸に強く残る		
気にする		
よその家に嫁がせる		
勉強に励む		
電報が届く		
急いで家に帰る		
帰らぬ人となる		
息を引き取る		
恩を忘れる		
決まった縁		
お墓へ参る		
家を出て泣く		
野菊を植える		

본문에 나오는 문법을 이해합시다.

❶ やい民子、お前はもう正夫さんのところへ行っちゃいかん。

구조
번역

❷ 僕らは何も悪いことをしていません。

구조
번역

❸ 知ってるがね、ただ、人がうるさいから気をつけろというんじゃ。

구조
번역

❹ ここ数日、ろくに会話をしていなかったから、何を話せばいいか

구조
번역

❺ だが、何かを話さなければならない気がした。

> 구조
>
> 번역

❻ 芽生えた恋は世間体を気にした大人によって引き裂かれてしまった。

> 구조
>
> 번역

❼ 親は正夫を町の学校に、民子をよその家に嫁がせたのである。

> 구조
>
> 번역

❽ 子供を流産してしまい、そのまま息を引き取ったそうだ。

> 구조
>
> 번역

❾ どんなことがあろうと、民さんを想う気持ちは変わりません。

> 구조
>
> 번역

⓾ きっと何もかも決まった縁だったのです。

구조
번역

10.4

본문 내용에 관련된 일본어 질문에 일본어로 대답합시다.

❶ 民子は正夫より年上ですか、年下ですか。

………………………………………………………………………………………

❷ 民子と正夫は仲がよかったですか、悪かったですか。

………………………………………………………………………………………

❸ 正夫のお母さんは民子と正夫の仲がいいのが好きでしたか、きらいで
したか。

………………………………………………………………………………………

❹ 正夫は母の言いつけで、何をもぎに行きましたか。

………………………………………………………………………………………

❺ 正夫が道で見つけた花の名前は何ですか。

………………………………………………………………………………………

❻ 民子はその花がどれほど好きでしたか。

………………………………………………………………………………………

빈칸에 문단 순서를 표시하는 번호를 붙여 봅시다.

❶ 「また、民子は正夫さんの部屋へ行って。こら、勉強の邪魔をしちゃいかんがね。全く民子は年上のくせに。」民子はあれこれと口実を作っては正夫の部屋に来た。正夫も民子が来ない日はなんとなく寂しく物足りない。「フフフ、ハハハ。」だが、当人たちは無邪気でも世間はかれこれ噂をするようになった。

❷ 正夫の家には民子という従妹の女の子がいた。「正夫さん、お部屋を掃除しますよ。」「民さん、ありがとう。」「正夫さん、障子をはたきますよ。」「はい、民さん、お願い。」「正夫さん、手習いがしたいの。」「ウン、来い、来い。」二人は一緒にいるのが何より好きだった。しかし、母はいつも二人を叱った。

❸ そしてある日の4時過ぎ、正夫は母の言いつけで畑の茄子をもいでいた。すると、そこにたまたま民子が通りかかった。「正夫さん。」「あ、民さん、どうしたの。」「お使いの帰りなの。正夫さんがいるなんて、思わなかった。」「そう、じゃ一緒に帰ろうか。」「ウン。」二人は黙って歩いた。ここ数日、ろくに会話をしていなかったから何を話せばいいかわからない。だが、何かを話さなければならない気がした。

❹「いいかい。お前らの仲が良すぎると言って、人がかれこれ言うそうじゃ。やい民子、お前はもう正夫さんのところへ行っちゃいかん。」民子は真っ赤になってうつむいている。「そりゃ、あんまりです。人がなんと言ったって、僕らは何も悪いことをしていません。」「知ってるがね、ただ、人がうるさいから気をつけろというんじゃ。」「正夫さん。」「民さん。」無邪気だった二人、だが、この言葉をきっかけに、ある感情が芽生えてしまった。

일본어로 토론하고 독후감을 적어 봅시다.

Unit 11

トロッコ

1922年

芥川龍之介 作

きくドラ 脚色

1892年〜1927年

「誰も / いないかな。ヒヒヒ、今ならこっそり乗っても。」「こら、そこの餓鬼、なにトロッコにさわっとるんだ。」「いけねえ、逃げろ。」

〈トロッコ〉芥川龍之介

　良平がまだ八つの時、小田原と熱海の間に / 鉄道の工事が始まった。その頃、良平は毎日 / 村はずれの工事現場を見に行った。いや、正しくは / トロッコを見に行ったのである。「いいなー。トロッコに乗れるんなら / 将来どこになろうかな。あ、せめて / 押してみたいな。」次第に /そんな欲求に駆られるようになっていった。

　トロッコを押していたのは / まだ若い、親しみやすそうな男だった。「この人なら、叱られないかな。よし。な、おじさん。押してやろうか。」「お、なんずらあれ、ハハ、ましで / 押してけれ。」「や、やった。ありがとう。おじさん。」「ハ、ハ。われはなかなか / 力があるな。」「ねえ、このままずっと / 押してていい?」「ああ、いいずら。オ、そろそろ、下りじゃ。オイ、乗りな。」良平は喜んで / 飛び乗った。

　そして / 飛び移ると同時に / トロッコは勢いよく / 走りだした。蜜柑畑の匂いを煽りながら、羽織のそでに / 早春の風を/はらませながら。「ハハハ、速い。速い。」押すより / 乗る方がずっといいや。」「ハハハ、当たり

前のこといいやがる。」良平を乗せたトロッコは / 竹藪を通った。雑木林を通った。そして / 冷たい潮風を感じたかと思うと / 広々と / うすら寒い海が開けた。「ワー、すごい。こんな景色 / 初めてだ。」

　その時、良平は突然 / はっきりと感じた。自分が / あまりにも遠くに来すぎたことを。「どうしよう。もう / ちっともおもしろくない。早く帰りたい。」そう念じても / 行き着くところまで行かなければ / トロッコは帰らない。もちろんそれは / 良平にもわかっている。「エへ、どうしたわれ。ほら、菓子でも食うか。」「ありがとう。」それから良平は / 景色も見ず、帰ることばかりを考えた。「もう / 日が暮れる。」やがてトロッコは / 坂を下りきると、小さな茶店の近くに止まった。全く / 見たこともない場所である。

　「オー、われ。もう帰けんな。おれは今日泊りだ。」「え?」「あんまり帰りが遅いと、われの家ども / 心配するぞ。」良平は呆気にとられた。以前、母親と遠くの村まで行ったことがある。だが / 今日の道は / その何倍あるだろう。その道を / 今からたった一人、歩いて帰らねばならない。良平はほとんど / 泣きそうになった。「はい、ありがとうございました。」

　「オー、気を付けてな。」良平は / とってつけたようなお辞儀をすると線路伝いに走り出した。どんどん速度を上げ、無我夢中に走り続けた。次第に / 涙がこみ上げてきた。行きと帰りでは / 景色が全く違うのも不安だった。

「死にたくない。死にたくない。死にたくない。」そう思いながら、すべっても／つまづいても／走った。そして夕闇の中、やっと村はずれまで来たとき、良平はもう／一思いに泣きたくなった。「おや、良平じゃ。どうした。怖い顔して。」誰か／村の衆が／声をかけてきた。しかし良平は、無言で走り過ぎた。

　そしてとうとう、自分の家へ駆け込んだとき、良平は大声で、ワーッと、泣き出さずにはいられなかった。「ただいま。」「オ、なんじゃなんじゃ。」「どうしたどうした。」「アアアアアアア。」その声は／良平の両親や／近所の者を集まらせた。母親は良平の体を抱え、何事かと声をかけた。「なんじゃなんじゃ。泣いてちゃわかんねえぞ。」「アアアアアア。」理由を聞かれても、泣くよりほかに仕方がなかった。あの遠い、遠い道をかけ通して来た／あの心細さを振り返ると、いくら大声で泣き続けても／泣き足りなかった。

　やがて月日は流れ、私は26歳になった。妻子とともに東京に引っ越し／今は／ある雑誌社で／校正の仕事をしている。「オーイ、良平君。この記事なんだがね。私が思うに、／オッ、オーイ。良平君。」「え?ああ、はい。失礼しました。」「ハハハ、なんだい?急に呆けて。考え事かい?」「ア、ええ。本当に／何でもありません。」

　私は／今もたまに／何の理由もなく、あのときのことを思い出す。全然、全く／何の理由もなく。そんなとき／私の前には、今でもやはり、あ

の薄暗い雑木林や / 急な坂道が / 細々と一筋 / どこまでも / どこまでも /
断続している。

＜終り＞

◉ 본문에 나오는 문화어를 인터넷에서 검색합시다.
芥川龍之介、餓鬼、トロッコ、小田原、熱海、蜜柑畑、
羽織、雑木林

◉ 포즈 표시에 유의하면서 본문을 읽고 번역합시다.

줄거리를 파악합시다.

여덟 살 난 주인공 아이는 철로를 설치하는 공사장에서 공사차량으로 사용되는 토로코에 큰 관심을 가진다. 어느 날 공사장 인부와 함께 토로코를 타고 멀리 낯선 곳을 가게 되는데, 처음에는 신기한 광경을 보고 매우 신이 났지만, 너무 멀리 가버린 나머지 큰 불안감에 휩싸인다. 땀과 눈물이 뒤범벅이 된 채 선로를 따라 다시 집으로 뛰어간다.

아래의 단어(연어)에 해당하는 히라가나와 그 뜻을 써 봅시다.

단어	히라가나	뜻
小田原		
鉄道		
村はずれ		
将来		
欲求		
親しむ		
勢い		
匂い		
羽織		
当たり前		
雑木林		
潮風		
坂		
泊り		
呆気		
速度		
夕闇		
無言		
抱える		
心細い		
引っ越す		
薄暗い		
細々と		
断続		

단어	히라가나	뜻
熱海		
工事		
工事現場		
押す		
駆る		
叱る		
蜜柑畑		
煽る		
早春の風		
竹藪		
冷たい		
景色		
茶店		
心配		
線路		
無我夢中		
村の衆		
駆け込む		
仕方		
かけ通す		
校正		
坂道		
一筋		

연어	히라가나	뜻
こっそり乗る		
工事が始まる		
工事現場を見に行く		
欲求に駆られる		
トロッコを押す		
喜んで飛び乗る		
勢いよく走りだす		
蜜柑畑の匂いを煽る		
早春の風をはらませる		
竹藪を通る		
冷たい潮風		
広々とうすら寒い		
日が暮れる		
坂を下る		
呆気にとられる		
気を付ける		
お辞儀をする		
線路伝いに走る		
速度を上げる		
無我夢中に走る		
涙がこみ上げる		
一思いに泣く		
無言で走る		
体を抱える		
仕方がない		
月日が流れる		
東京に引っ越す		

본문에 나오는 문법을 이해합시다.

❶ 蜜柑畑の匂いを煽りながら、羽織のそでに早春の風をはらませながら。

> 구조
>
> 번역

❷ 行き着くところまで行かなければトロッコは帰らない。

> 구조
>
> 번역

❸ それから良平は、景色も見ず、帰ることばかりを考えた。

> 구조
>
> 번역

❹ やがてトロッコは坂を下りきると、小さな茶店の近くに止まった。

> 구조
>
> 번역

❺ その道を今からたった一人、歩いて帰らねばならない。

> 구조
>
> 번역

❻ 死にたくない。死にたくない。死にたくない。

> 구조
>
> 번역

❼ 良平は大声で、ワーッと、泣き出さずにはいられなかった。

> 구조
>
> 번역

❽ その声は良平の両親や近所の者を集まらせた。

> 구조
>
> 번역

❾ 理由を聞かれても、泣くよりほかに仕方がなかった。

> 구조
>
> 번역

⑩ あの遠い、遠い道をかけ通して来たあの心細さを振り返ると、いくら大声で泣き続けても泣き足りなかった。

구조	
번역	

11.4

본문 내용에 관련된 일본어 질문에 일본어로 대답합시다.

---

❶ 主人公の名前は何ですか。主人公は男の子ですか。女の子ですか。

....

❷)小田原と熱海の間に何の工事が始まりましたか。

....

❸ 主人公は毎日どこへ何を見に行きましたか。

....

❹ 主人公を乗せたトロッコはどことどこを通りましたか。

....

❺ 主人公の乗ったトロッコはどこに止まりましたか。

....

❻ 主人公はうちまでどうやって帰りましたか。

....

❼ 主人公にとって行きと帰りでは、景色が同じでしたか。全く違いましたか。

....

❽ 主人公は結婚してどこへ引っ越しましたか。

....

❾ 主人公はどこで働いていますか。どんな仕事をしていますか。

....

❿ この作品を読んで何を感じましたか。

....

11.5

어법에 맞춰 단어(어구)를 정확하게 재배열한 뒤 번역을 하세요.

❶ して　東京に　妻子と　雑誌社で　校正の　今は　ある　引っ越し、
　仕事を　いる。ともに

배치

번역

❷ 遠い、かけ通して　あの　心細さを　道を　遠い　来た　あの　振り
　返ると、いくら　泣き足りなかった。泣き続けても　大声で

배치

번역

❸ やっと　夕闇の中、泣きたくなった。来たとき、一思いに　もう　良平は　そして　村はずれまで

배치

번역

❹ とってつけた　すると、良平は　お辞儀を　線路伝いに　ような　走り出した。

배치

번역

❺ 下りきると、坂を　止まった。近くに　トロッコは　茶店の　小さなやがて

배치

번역

❻ 念じても　そう　ところまで　トロッコは　行かなければ　行き着く帰らない。

배치

번역

❼ 匂いを　羽織の　蜜柑畑の　風を　そでに　早春の　はらませながら。煽りながら、

배치

번역

❽ 押して　トロッコを　まだ　いたのは　そうな　男だった。若い、親
しみやす

배치

번역

❾ まだ　小田原と　八つの時、間に　鉄道の　良平が　工事が　熱海
の　始まった。

배치

번역

❿ やはり、前には、薄暗い　雑木林や　今でも　細々と　あの　急
な　坂道が　一筋　私の　どこまでも、断続している。どこまでも

배치

번역

빈칸 안에 문장 순서를 표시하는 번호를 붙여 봅시다.

❶ その時、良平は突然はっきりと感じた。自分があまりにも遠くに来すぎたことを。

❷ そう念じても行き着くところまで行かなければトロッコは帰らない。

❸ どうしよう。もうちっともおもしろくない。早く帰りたい。

❹ もう日が暮れる。

❺ それから良平は、景色も見ず、帰ることばかりを考えた。

❻ もちろんそれは良平にもわかっている。「エヘ、どうしたわれ、ほら、菓子でも食うか。」「ありがとう。」

❼ やがてトロッコは坂を下りきると、小さな茶店の近くに止まった。

❽ 全く、見たこともない場所である。

빈칸에 문단 순서를 표시하는 번호를 붙여 봅시다.

❶ 良平がまだ八つの時、小田原と熱海の間に鉄道の工事が始まった。その頃、良平は毎日村はずれの工事現場を見に行った。いや、正しくはトロッコを見に行ったのである。「いいなー。トロッコに乗れるんなら将来どこになろうかな。あ、せめて押してみたいな。」次第にそんな欲求に駆られるようになっていった。

❷ 「誰もいないかな。ヒヒヒ、今ならこっそり乗っても。」「こら、そこの餓鬼、なにトロッコにさわっとるんだ。」「いけねえ、逃げろ。」
〈トロッコ〉芥川龍之介

❸ そして飛び移ると同時にトロッコは勢いよく走りだした。蜜柑畑の匂いを煽りながら、羽織のそでに早春の風をはらませながら。「ハハハ、速い。速い。」押すより乗る方がずっといいや。」「ハハハ、当たり前のこといいやがる。」良平を乗せたトロッコは竹藪を通った。雑木林を通った。そして冷たい潮風を感じたかと思うと広々とうすら寒い海が開けた。「ワー、すごい。こんな景色初めてだ。」

❹ トロッコを押していたのはまだ若い、親しみやすそうな男だった。「この人なら、叱られないかな。よし。 な、おじさん。押してやろうか。」「お、なんずらあれ、ハハ、ましで、押してけれ。」「や、やった。ありがとう。おじさん。」「ハ、ハ。われはなかなか力があるな。」「ねえ、このままずっと押してていい?」「ああ、いいずら。オ、そろそろ下りじゃ。オイ、乗りな。」良平は喜んで飛び乗った。

11.8

일본어로 토론하고 독후감을 적어 봅시다.

Unit 12

駆け込み訴え

1940年

太宰治 作

きくドラ 脚色

1909年〜1948年

　「申し上げます。申し上げます。旦那様。あの人はひどい。悪い人です。ハア、我慢ならない。あの人を生かしておいてはなりません。世の中の仇です。私は / あの人の居所を知っています。すぐにご案内申します。あの人は私の師です。あるじです。私は今日まで / あの人に / どれほど意地悪く扱き使われたことか。なあ、もういやだ。」「突然何を言い出すんだ。」「あの人は、私のこの無報酬の / 純粋な愛情を、どうして受け取ってくださらぬのか。なあ、あの人を殺してください。旦那様。」

　〈駆け込み訴え〉太宰治

　私たち師弟13人は / 丘の上の古い料理屋で / お祭りの宴会を開くことにいたしました。みんな食卓について / いざお祭りのゆうげを始めようとしたとき、あの人は立ち上がり / 卓の上のみずがめを手に取り、そのみずがめ水を / 部屋の隅にあった小さいたらいに注ぎいれ、弟子たちの足を順々に洗ってくださったのであります。弟子たちは / その理由が分からず / 戸惑ってましたが、私はなにやら / あの人の秘めた想いが分かるような気持ちでありました。あの人は寂しいのだ。極度に気が弱って / 今は無知で簡明な弟子たちにさえ、縋りつきたい気持ちになっているのに違いない。可愛そうに。

熱いお詫びの涙が / 気持ちよく / 頬を伝って流れて、やがて / あの人は私の足をも静かに / 丁寧に洗ってくださった。ああ、そうだ。私はあの時、天国を見たのかもしれない。私の次には / ピリポの足を、その次には / アンデレの足を、そして次に / ペトロの足を洗ってくださる順番になったのですが。「ペトロよ、足だけ洗えば / もうそれで / お前の全身は清いのだ。ああ、/ お前だけでなく、ヤゴブも / ヨハネも / みんなけがれのない / 清い体になったのだ。けれども / みんなが清ければいいのだが、お前たちのうちの一人が / 私を売る。」

　　ハッと / 思った。やられた。私のことを言っているのだ。私があの人を売ろうと企んでいた先までの / 暗い気持ちを見抜いていたのだ。けれども、そのときは違っていたのだ。売ろう、売ろう。あの人を殺そう。そうして私も / 当に死ぬのだ。「私が今 / その人に一つまみのパンを与えます。その人は / ずいぶん不幸せな男なのです。その人は / 生まれてこなかった方が / よかった。」一つまみのパンをとり、過たず私の口に / ヒタと押し当てました。私は恥じるより憎んだ。あの人の、いまさらながらの意地の悪さを憎んだ。このように、弟子たち皆の前で公然と私を辱めるのは / あの人のこれまでのしきたりなのだ。「旦那様。あいつは私に / お前の成すことをすみやかに成せと。さあ、あの人を罰してください。捕まえて、棒で殴って / 素っ裸にして殺すがよい。ハハハ、畜生め。あの人は今 / ケレレン

の小川の彼方、ゲッセマネの園にいます。弟子たちの他には / 誰もおりません。」今なら難なく / とらえることができます。

　オヤ、そのお金は? 私に下さるのですか。あの / 私に30銀?アハ、なるほど。ハハハ、/ やあ、お断り申しましょう。殴られぬうちに / その金を引っ込めたらいいでしょう。金が欲しくて訴え出たのではないんだ。引込めろ!ああ、いえ、ごめんなさい。いただきましょう。そうだ。私は商人だったのだ。金銭ゆえに / あの人からいつも軽蔑されてきたのだっけ。卑しめられている金銭で、あの人に見事復讐してやるのだ。これが私に一番ふさわしい復讐の手段だ。様を見ろ!銀30で / あいつは / 売られる。かね? 世の中は金だけだ。銀30、なんとすばらしい。いただきましょう。私はケチな商人です。欲しくてならぬ。はい、ありがとう存じます。は、はいはい。申し遅れました。私の名は / 商人のユダ。へへへ、イスカリオテのユダ。

<終り>

● 본문에 나오는 문화어를 인터넷에서 검색합시다.
旦那様、太宰治、ケレレン、ゲッセマネ

● 포즈 표시에 유의하면서 본문을 읽고 번역합시다.

줄거리를 파악합시다.

예수의 제자 유다를 시점으로 한 작품이다. 이 작품 속에는 유다의
예수 그리스도에 대한 복잡한 감정이 들어 있다. 처음엔 좋은 감정으로
예수를 따랐지만 점점 예수를 혐오하다가 결국 그를 팔아버리기까지의
처절한 감정이 자세하게 그려져 있다.

아래의 단어(연어)에 해당하는 히라가나와 그 뜻을 써 봅시다.

단어	히라가나	뜻
旦那様		
生かす		
仇		
意地悪い		
突然		
無報酬		
愛情		
駆け込み訴え		
丘		
お祭り		
食卓		
立ち上がる		
順々に		
秘める		
弱る		
簡明		
縋りつく		
涙		
足元		
清い		
見抜く		
恥じる		
意地		
罰する		

단어

단어	히라가나	뜻
素っ裸		
小川		
園		
引っ込める		
商人		
軽蔑		
見事		
手段		
我慢		
世の中		
居所		
言い出す		
純粋だ		
受け取る		
師弟		
料理屋		
宴		
お祭り		
部屋の隅		
戸惑う		
極度に		
無知		
弟子		
お詫び		
頬		
全身		
企む		
押し当てる		
憎む		

단어	히라가나	뜻
公然と		
殴る		
畜生め		
彼方		
断る		
訴え出る		
金銭		
卑しめる		
復讐		

연어

연어	히라가나	뜻
我慢ならない		
世の中の仇		
居所を知る		
意地悪い		
無報酬の純粋な愛情		
宴会を開く		
手に取る		
部屋の隅		
たらいに注ぎいれる		
足を洗う		
秘めた想い		
気が弱る		
縋りつきたい気持ち		
熱いお詫びの涙		
頬を伝って流れる		
丁寧に洗う		

연어	히라가나	뜻
けがれのない清い体		
私を売る		
暗い気持ちを見抜く		
パンを与える		
一握りのパンをとる		
私を辱める		
難なくとらえる		
金を引っ込める		
様を見ろ		

12.3

본문에 나오는 문법을 이해합시다.

❶ あの人を生かしておいてはなりません。

구조

번역

❷ 今日まであの人にどれほど意地悪く扱き使われたことか、

구조

번역

❸ 私のこの無報酬の純粋な愛情を、どうして受け取ってくださらぬのか。

> 구조
>
> 번역

❹ 弟子たちはその理由が分からず戸惑ってましたが、

> 구조
>
> 번역

❺ ああ、そうだ。私はあの時、天国を見たのかもしれない。

> 구조
>
> 번역

❻ その人は生まれてこなかった方がよかった。

> 구조
>
> 번역

❼ あいつは私にお前の成すことをすみやかに成せと。さあ、あの人を罰してください。

> 구조
>
> 번역

❽ 欲しくてならぬ。はい、ありがとう存じます。

구조
번역

12.4

본문 내용에 관련된 일본어 질문에 일본어로 대답합시다.

❶ ユダはイエス様をいい人だと思ってますか。それとも悪い人だと思っていますか。

....

❷ ユダはイエス様の居所を知っていますか。知っていませんか。

....

❸ イエス様は自分の無報酬の純粋な愛情を受け取ってくださいましたか、それとも受け取ってくださらなかったですか。

....

❹ イエス様の師弟は何人でしたか。

....

❺ イエス様は師弟たちとどこで何をなさいましたか。

....

❻ イエス様は弟子たちに何をなさいましたか。

....

❼ イエス様はペトロの足を洗いながら、何とおっしゃいましたか。

....

❽ イエス様は弟子たちとどこにいらっしゃいましたか。

....

❾ ユダの職業は何でしたか。イエス様をいくらで売りましたか。

....

❿ この作品を読んで何を感じましたか。

....

12.5

어법에 맞춰 단어(어구)를 정확하게 재배열한 뒤 번역을 하세요.

❶ 見事　金銭で、復讐して　あの人に　卑しめられている　やるのだ。

배치

번역

❷ 私に　あの人を　ください。成すことを　お前の　成せと。　あいつ
は すみやかに　さあ、罰して

배치

번역

❸ これまでの　弟子たち　皆の前で　あの　ように、公然と　辱めるのは　私を　この　しきたりなのだ。人の

（배치）

（번역）

❹ 私が　いたのだ。企んでいた　先までの　気持ちを　売ろうと　暗い　あの人を　見抜いて

（배치）

（번역）

❺ 足をも　あの人は　私の　気持ちよく　お詫びの　伝って　熱い　やがて　流れて、頬を　静かに　涙が　洗って　丁寧に　くださった。

（배치）

（번역）

❻ 私は　あの人の　なにやら　分かる　気持ちで　想いが　秘めた　ような　ありました。

（배치）

（번역）

❼ さえ、なっている　弟子たちで　簡明な　縋りつきたい　気持ちに　今は　無知で　のに違いない。

（배치）

（번역）

❽ 丘の上の　宴会を　私たち　古い　料理屋で　お祭りの　13人
は　師弟　開く　にいたしました。こと

❾ あの　愛情を、私の　人は、受け取って　純粋な　この　どうし
て　くださらぬのか。無報酬の

❿ 今日まで　意地悪く　私は　扱き使われた　人に　ことか。どれほど　あの

빈칸 안에 문장 순서를 표시하는 번호를 붙여봅시다.

① オヤ、そのお金は? 私に下さるのですか。

② 殴られぬうちにその金を引っ込めたらいいでしょう。

③ 金が欲しくて訴え出たのではないんだ。引込めろ! ああいえ、ごめんなさい。いただきましょう。

④ 卑しめられている金銭で、あの人に見事復讐してやるのだ。これが私に一番ふさわしい復讐の手段だ。

⑤ あの私に30銀。アハ、なるほど。ハハハ、やあ。お断り申しましょう。

⑥ そうだ。私は商人だったのだ。金銭ゆえにあの人からいつも軽蔑されてきたのだっけ。

⑦ はい、ありがとう存じます。は、はいはい。申し遅れました。私の名は商人のユダ。へへへ、イスカリオテのユダ。

⑧ 様を見ろ!銀30であいつは売られる。かね?世の中は金だけだ。銀30、なんとすばらしい。いただきましょう。私はケチな商人です。欲しくてならぬ。

❶ 熱いお詫びの涙が気持ちよく頬を伝って流れて、やがてあの人は私の足元をも静かに丁寧に洗ってくださった。ああ、そうだ。私はあの時、天国を見たのかもしれない。私の次にはピリポの足を、その次には、アンデレの足を、そして次にペトロの足を洗ってくださる順番になったのですが。「ペトロよ、足だけ洗えばもうそれでお前の全身は清いのだ。ああ、お前だけでなく、ヤゴブもヨハネもみんなけがれのない清い体になったのだ。けれどもみんなが清ければいいのだが、お前たちのうちの一人が私を売る。」

❷ 私たち師弟13人は丘の上の古い料理屋でお祭りの宴会を開くことにいたしました。みんあ食卓についていざお祭りのゆうげを始めようとしたとき、あの人は立ち上がり、卓の上のみずがめを手に取り、そのみずがめ水を部屋の隅にあった小さいたらいに注ぎいれ、弟子たちの足を順々に洗ってくださったのであります。弟子たちはその理由が分からず戸惑ってましたが、私はなにやらあの人の秘めた想いが分かるような気持ちでありました。あの人は寂しいのだ。極度に気が弱って今は無知で簡明な弟子たちでさえ、縋りつきたい気持ちになっているのに違いない。可愛そうに。

❸「申し上げます。申し上げます。旦那様。あの人はひどい。悪い人です。ハア、我慢ならない。あの人を生かしておいてはなりません。世の中の仇です。私はあの人の居所を知っています。すぐにご案内申します。あの人は私の師です。あるじです。私は今日まであの人にどれほど意地悪く扱き使われたことか。なあ、もういやだ。」「突然何を言い出すんだ。」「あの人は、私のこの無報酬の純粋な愛情を、どうして受け取ってくださらぬのか。あの人を殺してください。旦那様。」〈駆け込み訴え〉太宰治

❹ ハッと思った。やられた。私のことを言っているのだ。私があの人を売ろうと企んでいた先までの暗い気持ちを見抜いていたのだ。けれどもそのときは違っていたのだ。売ろう、売ろう。あの人を殺そう。そうして私も当に死ぬのだ。「私が今その人に一つまみのパンを与えます。その人はずいぶん不幸せな男なのです。その人は生まれてこなかった方がよかった。」一つまみのパンをとり、過たず私の口にヒタと押し当てました。私は恥じるより憎んだ。あの人の、いまさらながらの意地の悪さを憎んだ。このように、弟子たち皆の前で公然と私を辱めるのはあの人のこれまでのしきたりなのだ。「旦那様。あいつは私にお前の成すことをすみやかに成せと。さあ、あの人を罰してください。捕まえて、棒で殴って、素っ裸にして殺すがよい。ハハハ、畜生め。あの人は今ケレレンの小川の彼方、ゲッセマネの園にいます。弟子たちの他には誰もおりません。」今なら難なくとらえることができます。

일본어로 토론하고 독후감을 적어봅시다.

라디오 명작 드라마로 배우는 일본어

초판1쇄 인쇄 2017년 6월 13일
초판1쇄 발행 2017년 6월 20일

지은이   천호재
펴낸이   이대현
편   집   권분옥, 홍혜정, 박윤정
디자인   홍성권

펴낸곳   도서출판 역락
        주   소   서울시 서초구 동광로46길 6-6 문창빌딩 2층(우06589)
        전   화   02-3409-2058, 2060
        팩시밀리   02-3409-2059
        이 메 일   youkrack@hanmail.net
        블 로 그   http://blog.naver.com/youkrack3888
        등   록   1999년 4월 19일 제303-2002-000014호

ISBN   979-11-5686-880-4 03730